이야기로 배우는 사자성어

조상우(趙祥祐)
現 단국대학교 교양교육대학 교수
現 (사) 유도회 이사
단국대학교 인문대 국어국문학과 졸업
단국대학교 대학원 국어국문학과 석사과정 수료(문학석사)
고려대학교 대학원 국어국문학과 박사과정 수료(문학박사)
(사) 유도회 한문연수원 장학생반 수료
『애국계몽기 한문산문 연구』(다운샘)
『고전산문의 발견과 활용』(보고사)
『실용한자 Ⅰ』(단국대출판부)
『실용한자 Ⅱ』(단국대출판부)
『전우치전, 최고운전』(현암사)

이야기로 배우는 사자성어

2014년 9월 5일 초판 발행
2015년 8월 25일 2쇄 발행
2019년 2월 25일 수정판 발행

지은이 조 상 우
발행인 장 호 성
펴낸곳 단국대학교출판부
등 록 1968.2.27 : No. 제03-00095호
주 소 경기도 용인시 수지구 죽전동 126번지
전 화 031-8005-2405 **팩 스** 031-8021-7154

인 쇄 지댄피

[값 10,000원]

Published by Dankook University Press

printed in Seoul, Korea

ISBN 978-89-7092-526-4 03700

이야기로 배우는

사자성어

조상우

단국대학교출판부

책머리에

단국대학교에서는 2008년부터 2009년까지 〈실용한문〉을 핵심교양으로 지정하여 1학년 학생은 필히 수강을 해야 했다. 그런데 2010년부터는 〈실용한문〉이 핵심교양에서 자유교양으로 변경되었다. 그리하여 교과명도 〈실용한자1〉, 〈실용한자2〉로 바꾸었고, 많은 학생들이 漢字에 관심을 갖도록 하기 위해서 오프라인 강의를 온라인 강의로 바꾸어 시행하기도 하였다.

요즘 뉴스를 보면 강력 범죄가 늘고 있고 반인륜적 범죄도 성행하고 있다. 그리고 공공장소에서의 예절의식도 점차 무너지고 있다. 이를 바로 잡기 위해서 가르쳐야 할 것이 바로 사람이 마땅히 가져야 할 도리이다. 이를 가르치기 위해서는 약간 고리타분하다고 할지 모르지만 조선시대 예절교육이 필요하다. 그런데 조선시대의 예절을 알리고 가르치기 위해서는 우선적으로 선인들이 가지고 있던 생각을 배워야 하는데, 그렇게 하기 위해서는 한자를 많이 알아야 하고 나아가 한문까지도 번역할 줄 알아야 한다. 그렇다고 예전과 똑같이 하자는 것은 아니다. 새로운 시대에 맞추어서 변형시켜 가르쳐야 한다. 그러나 이러한 생각을 가지고 있다고 하여도 독자들이 혼자서 선뜻 실행에 옮기기는 쉽지 않다.

그럼에도 불구하고 다행인 것은 요즘 대학생들과 취업준비생들이 회사에 취직을 하기 위해 한자능력시험을 보고서 높은 급수를 따려고 노력 중이라는 것에 있다. 한자를 익히는데 숙어만큼 좋은 것은 없다. 일단 사자성어를 익히고 나면 한 번에 3-4자를 아는 효과가 있다. 그런데 사자성어를 漢字만 가지고 외우다 보면 실증이 나기 마련이다. 사자성어를 외우는데 가장 좋은 방법은 사자성어가 생기게 된 배경을 알면서 공부해야 한다. 그러다 보면 역사 속의 이야기를 통해 지금 세상의 이야기도 아울러 알 수 있다. 왜냐하면 역사는 사이클에 따라 변동하기 때문이다. 그러니 예전 것을 알고 있으면 현대의 어려운 문제를 비교적 수월하게 해결할 수 있다.

본 교재는 온라인으로 시행되는 강의에서 사자성어를 쉽게 배우도록 하는데 그 목적이 있다. 사자성어를 배우고 익히면 현재를 살아가는 방식을 알고, 취직에도 대비할 수 있다. 그리하여 한 개의 사자성어를 가지고 설명할 때 먼저 앞부분에서는 독자들에게 사자성어의 이해를 돕기 위해 시사성을 띤 화제를 먼저 제시하고 이와 관련이 있는 사자성어를 연결하여 고사를 익히도록 하였다. 주로 취직 시험에 많이 나올만한 사자성어를 선택하여 한 주에 평균 5개 정도의 사자성어를 배우고 익히도록 하였다.

필자는 2009년부터 2010년까지 〈단대신문〉에 사자성어 칼럼을 쓴 적이 있다. 본 교재의 반은 그 때 썼던 글이다. 앞에서 서술한 것과 같이 사자성어만을 쓰게 되면 학생들이 흥미를 갖지 못할 것 같아서 당시에 유행했던 시사적인 이야기를 가지고 해당 사자성어를 시사이야기에 맞추었다. 시사적인 부분이 많다 보니 필자의 개인적인 성향이 드러날 수도 있어서 읽는 독자들이 필자와는 다른 생각을 가질 수 있다. 그러나 필자도 최대한 객관적인 시각을 유지하며 사자성어와의 관련을 찾으려고 애를 썼으니 독자들은 널리 이해해주기 바란다.

한 가지 더 양해를 하고자 한다. 그것은 2009년부터 2012년에 있었던 일을 가지고 활용한 것이다. 역사는 언제나 같은 일을 반복한다. 그리고 지난 역사는 현대의 거울이기에 몇 년 전 화제(話題)를 예로 든 것을 아울러 이해하기 바란다.

본 교재는 워크북 형식을 취하기도 한다. 단순히 사자성어만을 공부하는 것이 아니라 사자성어와 관련한 단어 셋을 해당 사자성어 설명 앞부분에 제시하였다. 그리고 해당 사자성어 설명이 끝나면 한자쓰기를 연습할 수 있는 면을 마련하였다. 본 교재만 가지고도 독자들이 한자를 어느 정도 익힐 수 있도록 배려하였다.

〈단대신문〉에 칼럼을 쓸 수 있도록 기회를 제공해주고, 이를 토대로 하여 자유교양으로 교과목을 개설할 수 있도록 지원을 아끼지 않았던 학교 당국에 감사드린다. 그리고 난삽한 원고를 깔끔하게 정리해 주고 출판을 허락해 주신 단국대학교 출판부 여러분께 또한 감사드린다. 끝으로 항상 제대로 해주지 못하는 가족에게 미안함을 느끼며 고마움을 전한다.

2014년 8월 30일

天安 安棲湖畔 和亭에서 조상우 謹識

목 차

三不朽(삼불후)

썩지 않는 세 가지

三 : 삼 석	三寸(삼촌)	三國(삼국)	三角形(삼각형)
不 : 불 아니다	不動産(부동산)	不條理(부조리)	不正(부정)
朽 : 후 썩다	衰朽(쇠후)[1]	朽穢(후예)[2]	耐朽性(내후성)[3]

올해 대학에 입학한 새내기 여러분께 자랑스러운 대학생이 된 것을 축하하며 반갑다고 인사를 하고 싶다. 새내기들은 이제 대학에 와서 할 일이 많을 것이다. 선배들과의 인사, 동아리 가입 등 앞으로 많은 일들이 새내기들을 기다리고 있다. 그러나 힘들게 대학에 들어온 만큼 할 일도 많을 것이고 포부도 대단하리라 생각한다. 흔히 '작심삼일(作心三日)'이라고 하지만, 새내기들은 잘 헤쳐나가리라 믿는다.

대학에서 1년은 다른 곳보다 더 금새 지나간다. 3월이면 새내기들을 환영하기 위해 온 캠퍼스가 술렁인다. 그러다가 곧 중간고사를 치러야 하기에 이때 반짝 공부를 한다. 중간고사 이후 새내기들은 5월에 대학에서 맞는 첫 축제로 기분이 들뜨고 이어 기말고사를 보면 여름방학이 이어진다. 처음으로 맞이하는 긴 방학이 얼마나 즐겁겠는가? 그러나 계획 없이 긴 방학을 보내면 아무것도 하지 못한 채 9월에 개강을 맞는다. 다시 1학기와 같이 개강 MT로 시작해서 중간고사, 학술제, 기말고사, 그리고 겨울방학. 이쯤 되면 다시 후배를 보게 된다. 이렇게 세 번 반복하면 새내기들도 졸업을 한다.

대학은 쉽게 다니려면 아주 쉬운 곳이고, 어렵게 다니려면 아주 어려운 곳이다. 지금 1학년이라고 해서, 졸업이 멀었다고 해서 마냥 놀기만 해서는 안 된다. 필자는 새내기들에게 '삼불후(三不朽)'를 말해 주려고 한다. 이 말은 중국 춘추시대(春秋時代) 노(魯)나라의 학자 좌구명(左丘明)이 공자(孔子)의 『춘추(春秋)』를 해석한 『좌씨전(左氏傳)』「양공(襄公) 24년조」에서 유래한 성어(成語)이다. 그 내용을 보면 다음과 같다.

---

1) 낡아서 무너지거나 썩음.
2) 썩고 더러움.
3) 잘 썩지 않는 성질.

> 가장 뛰어난 것은 덕을 세우는 일이고(太上有立德), 그 바로 뒤에 공을 이루며(其次有立功), 그 다음으로는 말을 세우는 것이다(其次有立言). 비록 오래되어도 없어지지 않아서 이것을 썩지 않는다고 말한다(雖久不廢 此之謂不朽).

삼불후(三不朽)는 '썩지 않는 세 가지'라는 뜻으로, 이 세상에서 덕(德)과 공(功), 그리고 말(言)을 세우는 세 가지는 언제까지나 없어지지 않는다는 것을 말한다. 그렇기에 이 세 가지를 이룬다는 것은 더 어려운 일이다. '덕'은 그 사람의 행동을 통해서 다른 사람에게 전달되는 것으로 개인의 인성이 중요함을, '공'은 자신의 노력을 통해서 이루어 놓은 것으로 개인의 노력이 중요함을, '언'은 개인의 실천을 의미하는 것으로 신중이 중요함을 깨우쳐주고 있다. 말을 앞세우기보다는 우선 실천을 해야 하고, 실천하면서 노력하면 공이 이루어지고, 이러다보면 덕을 지닌 한 개인이 완성된다는 것이다. 그 시작은 개인이 세운 일에 대한 실천이다. 이와 같이 노력한 것이 쉽게 없어지겠는가.

지난주에 졸업식이 있었다. 요번 졸업생들도 새내기들이 입학할 때와 같은 생각을 했을 것이다. 그러나 과연 그 생각의 몇 %를 이루고 졸업했을까. 새내기들이여. 자신이 하고 싶은 계획을 잘 세워 보길 바란다. 한 학기에 한 가지라도 이루면 졸업할 때 8가지 공을 이루고 졸업할 수 있다. 그 때 후배들에게 나는 이런 것을 했노라고 말을 해보라. 그러면 당신은 후배들에게 떳떳한 선배가 될 것이다.

三不朽	一 二 三
	삼 석
	一 丆 不 不
	불 아니다
	十 木 朽 朽
	후 썩다

三寸	一 二 三
	삼 석
	一 寸 寸
	촌 마디

不動産	一 丆 不 不
	부 아니다
	二 旨 重 重 動 動
	동 움직이다
	亠 产 产 産 産 産
	산 낳다

衰朽	亠 亠 亠 亠 衰 衰
	쇠 쇠하다
	十 木 朽 朽
	후 썩다

三 不 朽	一 二 三								
	삼 석								
	一 丆 不 不								
	불 아니다								
	十 木 朽 朽								
	후 썩다								

三 國	一 二 三								
	삼 석								
	冂 同 同 國 國								
	국 나라								

不 條 理	一 丆 不 不								
	부 아니다								
	亻 亻 修 條 條 條								
	조 가지								
	丅 王 理 理 理								
	리 다스리다								

朽 穢	十 木 朽 朽								
	후 썩다								
	千 禾 穢 穢 穢 穢								
	예 더럽다								

老馬之智(노마지지)

늙은 말의 지혜

老 : 노 늙다	長老(장로)	年老(연로)	初老(초로)
馬 : 마 말	出馬(출마)	馬車(마차)	木馬(목마)
之 : 지 가다			
智 : 지 지혜	智慧(지혜)	機智(기지)[1]	智略(지략)

새 학기가 시작하여 캠퍼스가 활기를 찾고 있다. 이때쯤이면 학생들은 학업에 대한 열정이 아주 높아진다. 궁금한 것이 있으면 무엇이든지 알아내려고도 한다. 그런데 안다는 것이 무엇일까? 이 물음에 여러 가지로 답을 할 수가 있다. 필자는 가끔 강의 시간에 학생들에게 이에 대해서 물어보면 "교육이나 체험을 통해서 알고 있고, 다른 사람에게 가르칠 수 있는 것"이라는 대답을 종종 듣는다. 이 답이 틀린 것은 아니지만 과연 맞다고 할 수 있을까?

공자는 이 물음에 "아는 것을 '안다'고 하고 모르는 것을 '모른다'고 하는 것이 바로 아는 것이다(知之爲知之, 不知爲不知, 是知也.)" 라고 정의하였다. 과연 모르는 것을 모른다고 하는 것이 아는 것일까? 사람들은 자기가 알고 있는 것에 대해서는 다른 사람들에게 자랑하듯 말하려고 한다. 그러나 자신이 모르고 있는 것에 대해서는 창피하게 여겨 아무 말도 못한다. 그래서인지 '가만히 있으면 중간이라도 간다'는 말이 나왔나 보다. 강의 시간에 학생들을 보면 분명 강의 내용이 이해가 안가는 대도 불구하고 강의 시간이 다 되어간다는 이유만으로 질문도 안하고 강의가 끝나기만 기다린다.

『한비자(韓非子)』「설림편(說林篇」에 보면 "노마지지(老馬之智)"가 있다. 옛날 제(齊)나라 환공(桓公)은 재상 관중(管仲), 대부 습붕(隰朋)과 함께 고죽국을 정벌하러 간 적이 있었다. 이들은 오랜 싸움 끝에 길을 잃었다. 이 때 관중이 "늙은 말의 지혜가 필요하다" 하고는 늙은 말 한 마리를 풀어 놓고 그 뒤를 따라가서 길을 찾아 위기에서 탈출했다고 한다. 여기에서 늙은 말의 지혜라는 "노마지지"가 나왔다.

또 습붕은 산 속을 행군하다가 식수가 떨어져 군사들이 갈증을 호소하자

1) 경우에 따라 재치 있게 대응하는 슬기.

"개미는 겨울에 산의 양지쪽에 살고 여름에는 북쪽 그늘에 산다고 한다. 그리고 개미집이 땅 위로 한 치 높이에 있으면 그 아래 일곱 자쯤 되는 곳에는 물이 있는 법이다." 라고 말하였다. 습붕의 말을 듣고 군사들이 개미집을 파 내려가니 정말로 물이 나왔다고 한다.

원래 '노마지지(老馬之智)'는 하찮은 것이라도 장점이 있다는 의미의 고사성어이다. 이 고사성어에서 필자는 미물의 행동을 관찰하여 자신의 지식으로 삼은 관중과 습붕을 높이 평가하고 싶다. 이들의 지혜는 사물의 행동에 호기심을 가졌기에 가능했고, 사물을 관찰하기도 하고 누군가에게 물어서 얻은 지식이다. 공자는 "아랫사람에게 묻기를 부끄러워하지 않는지라 이로써 문이라 이른 것(不恥下問, 是以謂之文也.)"이라 하여 아랫사람에게 묻는 것을 부끄러워하지 말라고 하였다. 모르는 것이 있다면 누구에게 물어서라도 꼭 알아내야 한다.

얼마 전 TV에서 미국 동부 지역 유명 대학교들을 소개해 준 적이 있었다. 그 때 어느 한 대학에 봉직하고 있는 한국인 교수를 밀착 취재했는데, 그 교수는 오전 강의가 있는 날은 학생들과 함께하는 강의 스트레스 때문에 아침을 먹지 못한다고 하였다. 실제 강의 시간을 보여주는데, 학생들은 교수에게 질문 공세를 하며 교수를 '녹초'로 만들었다. 강의가 끝난 후 그 교수는 식당으로 달려가 아침에 먹지 못한 밥을 먹었다. 이를 보면서 필자는 "내가 강의 때문에 밥을 거른 적이 있었나" 하며 반성을 해보았다.

그런데 이는 교수가 반성할 것이 아니라 학생들이 반성을 해야 한다. 대학교수를 바뀌게 하려면 학생이 먼저 바뀌어야 한다. 관중과 습붕은 늙은 말이나 개미를 미물일지라도 수치심을 느끼지 않고 선생처럼 따랐기에 위기를 극복할 수 있었다. 강단에 선 교수님들은 덕망과 학식을 두루 갖춘 분들이다. 이 분들에게 학생들의 호기심을 충족하기 위해 질문을 하기 바란다. 학생들이여! 관중과 습붕의 관찰과 배움을 기억하길 바란다.

老馬之智	十 土 耂 考 老								
	노 늙다								
	厂 巨 甲 馬 馬								
	마 말								
	丶 ㇇ 之								
	지 가다								
	⺈ 𠂉 矢 知 智 智								
	지 지혜								

長老	丨 巨 镸 镸 長								
	장 길다								
	十 土 耂 考 老								
	로 늙다								

出馬	丨 屮 出								
	출 나가다								
	厂 巨 甲 馬 馬								
	마 말								

智慧	⺈ 𠂉 矢 知 智 智								
	지 지혜								
	彐 丰丰 彗 彗 慧 慧								
	혜 슬기롭다								

老馬之智	十 土 耂 耂 老
	노 늙다
	厂 F 𠀀 馬 馬
	마 말
	丶 ㇇ 之
	지 가다
	𠂉 𠂉 矢 知 智 智
	지 지혜

年老	丿 𠂉 𠂉 𠂉 年
	년 해
	十 土 耂 耂 老
	로 늙다

馬車	厂 F 𠀀 馬 馬
	마 말
	一 冖 百 亘 車
	차 수레

機智	木 朩 栍 樾 機 機
	기 틀
	𠂉 𠂉 矢 知 智 智
	지 지혜

會者定離(회자정리)

만나면 언젠가는 헤어지게 되어 있다.

會 : 회 모이다	社會(사회)	國會(국회)	機會(기회)
者 : 자 사람	記者(기자)	筆者(필자)	讀者(독자)
定 : 정 정하다	豫定(예정)	決定(결정)	安定(안정)
離 : 리 떠나다	距離(거리)	分離(분리)	隔離(격리)

천상시인 천상병은 「귀천(歸天)」에서 "나 하늘로 돌아가리라 / 아름다운 이 세상 소풍 끝내는 날 / 가서 아름다웠더라고 말하리라"라고 읊었다. 이 세상에서의 삶은 아주 작은 부분이고 죽음 이후에 새롭고 더 큰 세상이 있음을 말하고 있는 시(詩)다.

이러한 세계관은 불교에서도 그대로 나타나고 있다. 불교는 '윤회'를 중요하게 여겨 현재의 삶은 아주 보잘 것 없다는 주장이다. 그러나 이승에서의 삶을 보람 있게 보내야 '극락'에 가서 행복하다고 가르친다. 기독교에서 말하는 '천당'도 '극락'과 같은 의미라고 필자는 생각한다.

사람은 한평생을 살면서 많은 사람을 만나기도 하고 헤어지기도 한다. 그 많은 사람들 속에서 만나고 헤어짐을 반복하며 살고 있다. 우리 속담에 "사람이 드는 자리는 몰라도 나는 자리는 안다"는 말이 있다. 사람들 사이에서 헤어짐이 만남보다 더 슬프다는 것을 알려주는 속담이다.

불교 경전 중 『유교경(遺敎經)』「열반경(涅槃經)」에 보면 '회자정리(會者定離)'라는 말이 있다. 『유교경』은 가르침을 남기는 경전이라는 제목의 뜻처럼, 석가가 열반에 들기 전에 제자들에게 마지막으로 설법하는 내용을 담고 있는 경전이다. 회자정리(會者定離)는 부처님이 제자인 '아난(阿難)'에게 말씀하신 내용 중 "인연으로 이루어진 이 세상 모든 것들 빠짐없이 덧없음(無常)으로 귀착되니, 은혜와 애정으로 모인 것일지라도 언제인가 반드시 이별하기 마련이다."라는 구절에서 유래되었다. 곧 이 성어는 만나면 언젠가는 헤어지게 되어 있다는 뜻으로, 인생(人生)의 무상(無常)함을 인간(人間)의 힘으로는 어찌할 수 없는 이별(離別)의 아쉬움을 담고 있다.

2009년 3월 6일 새벽 국어국문학계의 큰 어른이시자 단국대학교 천안캠퍼스 부총장을 지내신 황패강 선생님께서 영면(永眠)하셨다. 개인적으로 황패강 선생님은 필자의 학부 은사이시다. 필자가 선생님을 1988년에 뵈었으니 많은 세월이 흘렀다. 그 때는 오늘의 이별이 있을 거라 생각하지 못했다. 운구를 하며 선생님이 천안공원묘역에 잠드시는 것을 보면서 눈물이 왈칵 쏟아졌다. 필자는 선생님을 영영 보내고 싶지 않았다. 그러나 선생님은 한 번 이 세상에 온 소풍을 막 끝내셨다. 그러니 마냥 슬퍼할 수만은 없는 일이다.

'회자정리(會者定離)'와 반대로 '거자필반(去者必返)'이란 말도 있다. 이 말은 헤어진 사람은 언젠가 반드시 돌아오게 된다는 의미를 가지고 있다. 선생님은 극락과 천당에 먼저 가 계시리라 믿는다. 선생님께서 그곳에 먼저 가 계시면서 저희 제자들이 가거든 이승에서와 같이 가르치고 인도해주십시오. 선생님 부디 극락왕생하소서.

학생들에게 말하고 싶다. 현재 자신이 만나고 있는 사람과의 인연이 얼마나 소중한 것인가를 깨달으라고. 그리고 한 번 맺은 인연을 소중하게 이어가라고. 내 주변에 누가 있는지, 나는 그들에게 어떻게 하고 있는 어떤 존재인지를 알라고…….

會者定離	丿 人 亼 侖 僉 會								
	회 모이다								
	一 十 土 耂 者 者								
	자 사람								
	宀 宀 宁 宇 定								
	정 정하다								
	亠 卨 离 離 離 離								
	리 떠나다								
社會	二 亍 亓 示 社 社								
	사 모이다								
	丿 人 亼 侖 僉 會								
	회 모이다								
記者	言 訁 訂 記								
	기 기록하다								
	一 十 土 耂 者 者								
	자 사람								
豫定	マ 予 予 豫 豫 豫								
	예 미리								
	宀 宀 宁 宇 定								
	정 정하다								
距離	口 ⻊ 足 距 距 距								
	거 떨어지다								
	亠 卨 离 離 離 離								
	리 떠나다								

會者定離									
會	丿 𠆢 亼 侖 僉 會								
	회 모이다								
者	一 十 土 耂 者 者								
	자 사람								
定	宀 宀 宁 宔 定								
	정 정하다								
離	亠 离 离 离 离 離								
	리 떠나다								

國會									
國	冂 冋 冋 國 國								
	국 나라								
會	丿 𠆢 亼 侖 僉 會								
	회 모이다								

筆者									
筆	⺮ 笁 竺 筀 筀 筆								
	필 붓								
者	一 十 土 耂 者 者								
	자 사람								

決定									
決	氵 沪 泱 決								
	결 터지다								
定	宀 宀 宁 宔 定								
	정 정하다								

分離									
分	八 分 分								
	분 나누다								
離	亠 离 离 离 离 離								
	리 떠나다								

能書不擇筆(능서불택필)

글씨를 잘 쓰는 사람은 붓을 가리지 않는다.

能 : 능 능하다	才能(재능)	能力(능력)	本能(본능)
書 : 서 글	文書(문서)	書類(서류)	讀書(독서)
不 : 불 아니다			
擇 : 택 가리다	選擇(선택)	擇日(택일)	採擇(채택)
筆 : 필 붓	隨筆(수필)	鉛筆(연필)	萬年筆(만년필)

사람들은 자신의 능력은 고려하지 않고 좋은 환경을 갖춘 직장만 찾으려고 애쓴다. 일단 주위에 보여진 것으로 인해 자신의 눈 높이만 높게 정해 놓고, 자신이 가고자 하는 직장에서 요구하는 요소를 하나씩 자기에게 적용시켜 본다. 아마도 좋은 직장을 선택하려고 하는 것은 인지상정(人之常情)이다. 그런데 이러한 일이 반복될 때마다 자신의 능력이 다른 사람만 못하다는 것을 깨달으면서 나는 '○○ 때문에' 안 된다고 자신의 처지를 비관하곤 한다.

요즘 경제 상황이 최악이다. 일자리는 적은데 구직자가 많다보니 한 자리를 놓고 경쟁이 아주 치열하다. 몇 년 전 부산 센텀에 신세계백화점이 개점을 하면서 백화점에서 일할 사원을 뽑았는데 100대1 이상의 경쟁률을 보였다고 한다. 이 같은 상황에서 중요한 것은 하려는 의지와 노력이다. 현대는 자신이 일하는 분야에서 최고가 되어야 살아남을 수 있다.

『당서(唐書)』「구양순전(歐陽詢傳)」에 '능서불택필(能書不擇筆)'이란 고사성어가 있다. 이 성어는 글씨를 잘 쓰는 사람은 붓을 가리지 않는다는 뜻으로, 그림을 그리거나 글씨를 쓰는데 종이나 붓 따위의 재료 또는 도구를 가리는 사람이라면 서화(書畵)의 달인이라고 할 수 없다는 말이다.

당나라는 중국 역사상 가장 찬란한 문화를 꽃피웠던 나라다. 당시 서예의 달인으로는 당초사대가(唐初四大家)로 꼽혔던 우세남(虞世南), 저수량(褚遂良), 유공권(柳公權), 구양순(歐陽詢) 등이 있었다. 그 중에서도 서성(書聖) 왕희지(王羲之)에게 배운 구양순은 글씨를 쓸 때 붓이나 종이를 가리지 않았으나, 저수량은 붓이나 먹이 좋지 않으면 글씨를 쓰지 않았다고 한다.

「구양순전」에 나오는 내용을 보면, "어느 날, 저수량이 우세남에게 물었다. '내 글씨와 구양순의 글씨를 비교하면 어느 쪽이 더 낫소?' 우세남은 이렇게 대답했다. '구양순은 붓이나 종이를 가리지 않으면서도 마음대로 글씨를 쓸 수 있었다 하오. 그러니 그대는 아무래도 구양순을 따르지 못할 것 같소." 라는 우세남의 말을 저수량도 긍정했다고 한다.

『왕긍당필진(王肯堂筆塵)』에 보면 '능서불택필(能書不擇筆)'은 구양순에게만 해당한다고 말하고 있다. 구양순이 이렇게 되기까지 얼마나 많은 노력을 했겠는가. 그 고난의 시간이 있었기에 최고의 서예가가 될 수 있었다고 생각한다.

공자는 『논어』「위정편(爲政篇)」에서 "군자는 그릇처럼 판에 박히지 않는다(君子不器)"라고 하였다. 이 말은 그릇은 각각 그 쓰임이 정해져 있어서 능히 서로 통할 수 없으나 덕을 이룬 선비는 체(體)가 갖추어졌으므로 사용함에 두루할 수 있으니 다만 한 재주만 있는 것이 아니고 다재다능하다는 내용을 담고 있다.

요즘 시대는 '만능엔터테이너'를 원하고 있다. 어떤 일이든 시키면 할 수 있는 사람을 원한다는 말이다. 대학생들은 시대가 요구하는 것에 맞추어 자신을 변화 · 발전시켜가야 한다. 붓과 종이를 가리지 않은 구양순처럼, 다재다능한 군자처럼 말이다.

학생들이여! 대학생활 동안 딸 수 있는 자격증은 다 따놓고 실전을 준비하여 어느 곳에 가서라도 제 몫을 할 수 있는 만능인이 되길 바란다.

能書不擇筆									
	厶 肙 育 能 能								
	능 능하다								
	⺕ ⺕ 肀 聿 聿 書								
	서 글								
	一 ア 不 不								
	불 아니다								
	扌 扌 押 擇 擇 擇								
	택 가리다								
	⺮ 竺 笁 筀 筀 筆								
	필 붓								

才能									
	一 寸 才								
	재 재주								
	厶 肙 育 能 能								
	능 능하다								

文書									
	丶 亠 ナ 文								
	문 글월								
	⺕ ⺕ 肀 聿 聿 書								
	서 글								

選擇									
	乛 巳 巴 巽 巽 選								
	선 가리다								
	扌 扌 押 擇 擇 擇								
	택 가리다								

隨筆									
	阝 阝 阼 隋 隨 隨								
	수 따르다								
	⺮ 竺 笁 筀 筀 筆								
	필 붓								

能書不擇筆	厶 台 自 能 能	능 능하다
	乛 ⺕ ⺕ 聿 聿 書	서 글
	一 ア 不 不	불 아니다
	扌 扌罒 擇 擇 擇 擇	택 가리다
	竹 竺 竺 笁 笔 筆	필 붓
能力	厶 台 自 能 能	능 능하다
	𠃌 力	력 힘
書類	乛 ⺕ ⺕ 聿 聿 書	서 글
	丷 米 类 类 類 類	류 무리
擇日	扌 扌罒 擇 擇 擇 擇	택 가리다
	丨 冂 日 日	일 날
鉛筆	𠆢 亼 金 釕 鉛	연 납
	竹 竺 竺 笁 笔 筆	필 붓

肝膽相照(간담상조)

서로가 마음속을 툭 털어놓고 숨김없이 친하게 사귄다.

肝 : 간 간	肝臟(간장)	肝移植(간이식)	九曲肝腸(구곡간장)[1]
膽 : 담 쓸개	膽力(담력)	落膽(낙담)	熊膽(웅담)
相 : 상 서로	相互(상호)	樣相(양상)	相談(상담)
照 : 조 비추다	參照(참조)	照明(조명)	觀照(관조)

당신은 "친구가 몇 명입니까?" 라는 물음에 뭐라고 답을 할 수 있을까. 많거나 적다고 할 수 있을 것이다. 그런데 만약 친구가 많다고 대답했을 경우 "그 중에서 진정한 친구는 몇 명입니까?" 라고 묻는다면 어떻게 대답을 할 수 있을까.

옛날에 아들이 술을 자주 먹고 친구들과 놀기만 좋아하자 아버지가 하루는 아들에게 친구가 얼마나 되냐고 묻자 아들은 친구가 많다고 답한다. 그러자 아버지는 아들에게 친구들을 시험해 보고자 했다. 그래서 아들은 돼지 한 마리를 삶아 지게에 매고 자신의 친구들을 한 명씩 찾아가서 '내가 사람을 죽였어'라고 거짓을 말하자 아들 친구들은 자세한 상황도 듣지 않고 다 도망가 버렸다. 이를 지켜 본 아버지는 아들을 데리고 아들이 한 번도 뵌 적이 없는 아버지 친구에게 찾아가 '내가 사람을 죽였네' 하니 아버지 친구는 아버지를 누가 볼까 조심스럽게 집안으로 모시고 들어갔다는 이야기이다. 이 얘기는 친구를 진정으로 사귀라는 교훈을 가지고 있다.

당송팔대가(唐宋八大家) 중 당대의 두 명문 대가에 한유(韓愈)와 유종원(柳宗元)이 있다. 이들은 함께 고문부흥운동(古文復興運動)을 제창한 문우로서 절친한 사이였는데, 유종원은 유주자사(柳州刺史)로 좌천되는 등 한유보다는 힘든 삶을 살았다. 그럼에도 불구하고 유종원은 자기보다 더 처지가 좋지 않은 친구 유몽득(劉夢得)을 크게 동정하자, 이 말을 들은 한유는 유종원의 깊은 우정에 감동했다고 한다.

이렇게 친구를 걱정하던 친한 친구인 유종원이 죽자 한유는 「유자후묘지명(柳子厚墓誌銘)」을 썼다. 이 묘지명은 자신의 불우한 처지는 제쳐 놓고 친

1) 굽이굽이 서린 창자라는 뜻으로, 깊고 깊은 마음속을 비유적으로 이르는 말.

구를 걱정한 유종원의 진정한 우정을 찬양하면서도 경박한 사귐을 경계하는 내용으로 그 내용을 조금 보기로 한다.

> 사람은 곤경에 처했을 때라야 비로소 절의가 나타나는 법이다. 평소 평온하게 살아갈 때는 서로 그리워하고 기뻐하며 때로는 놀이나 술자리를 마련하여 부르곤 한다. 또 흰소리를 치기도 하고 지나친 우스갯소리도 하지만 서로 양보하고 손을 맞잡기도 한다. 어디 그 뿐인가. '서로 간과 쓸개를 꺼내 보이며(肝膽相照)' 해를 가리켜 눈물짓고 살든 죽든 서로 배신하지 말자고 맹세한다. 말은 제법 그럴 듯하지만 일단 털끝만큼이라도 이해관계가 생기는 날에는 눈을 부릅뜨고 언제 봤냐는 듯 안면을 바꾼다.

앞에 서술한 아버지와 아들의 이야기처럼 아들이 술을 사는 등 돈을 많이 쓰기에 주위에 친구가 많았던 것이다. 그러므로 이 친구들은 친구인 아들이 힘들 때 도와줄 진정한 친구들은 아니었다. 한유가 묘지명에서 쓰고 있듯 '털끝만큼이라도 이해관계가 생기면 안면을 바꾸는 것'이 현대사회의 일반적인 현상이 되었다. 세상이 그만큼 각박해졌다는 말이다. 그렇기에 누가 진정한 친구인가를 알아야 한다.

이와 관련하여 공자는『논어』「자한편(子罕篇)」에서, "날씨가 추워진 뒤에야 소나무와 잣나무가 뒤늦게 시듦을 알 수 있다(歲寒然後知松柏之後彫也)"고 하였다. 이 말은 소인이 태평성대에는 군자와 다를 것이 없지만 오직 이해를 당하고 사변을 만난 뒤에야 군자의 지킴을 볼 수 있다는 뜻으로, 곧 세상이 어려울 때 충신(忠臣)을 알 수 있다는 말이다.

평생에 진정한 친구 한 명 만나기 힘들다고 한다. 진정한 친구라면 친구의 단점까지 고쳐줘 가며 이해해야 한다. 자주 연락하지 않는다고 해서 화낼 것이 아니라 그럴 이유가 있겠지 라며 이해할 수 있어야 한다. 흔히 대학에서는 진정한 친구를 사귈 수 없다고들 한다. 왜냐하면 다 커서 만났기 때문이란다.

학생들이여! 지금부터라도 자기 주위의 사람들을 잘 살펴보고, 챙겨주기 바란다. 그 한 사람, 한 사람이 평생을 같이 할 소중하고 꽃보다 아름다운 친구이기 때문이다.

肝膽相照	丿 月 肝 肝	간 간
	月 肝 肝 膽 膽 膽	담 쓸개
	一 十 木 相 相 相	상 서로
	日 昭 昭 照	조 비추다

肝臟	丿 月 肝 肝	간 간
	月 月 臓 臓 臟	장 오장

膽力	月 肝 肝 膽 膽 膽	담 쓸개
	𠃌 力	력 힘

相互	一 十 木 相 相 相	상 서로
	一 工 互 互	호 서로

參照	厶 厽 厽 叅 參	참 참여하다
	日 昭 昭 照	조 비추다

肝膽相照	획순 / 음·뜻
肝	刀 月 肝 肝
	간 간
膽	月 月 肝 胪 膽 膽
	담 쓸개
相	一 十 木 相 相 相
	상 서로
照	日 昭 昭 照
	조 비추다

肝移植	획순 / 음·뜻
肝	刀 月 肝 肝
	간 간
移	一 二 禾 移 移 移
	이 옮기다
植	十 木 木 植 植 植
	식 심다

落膽	획순 / 음·뜻
落	艹 艹 落 落 落 落
	낙 떨어지다
膽	月 月 肝 胪 膽 膽
	담 쓸개

樣相	획순 / 음·뜻
樣	木 木 樣 樣 樣 樣
	양 모양
相	一 十 木 相 相 相
	상 서로

照明	획순 / 음·뜻
照	日 昭 昭 照
	조 비추다
明	冂 日 明 明
	명 밝다

捲土重來(권토중래)

어떤 일에 실패한 뒤 다시 힘을 쌓아 그 일에 재차 착수하는 일.

捲 : 권 말다	捲堂(권당)[1]	捲線(권선)[2]	捲舌音(권설음)[3]
土 : 토 흙	土地(토지)	土臺(토대)	風土(풍토)
重 : 중 무겁다	比重(비중)	體重(체중)	重工業(중공업)
來 : 래 오다	未來(미래)	元來(원래)	近來(근래)

요즘 WBC로 인해 경제적으로 힘든 국민들이 조금이나마 힘을 얻고 있다. 비록 한국이 준우승을 했지만 그동안의 성과는 상당히 크다고 생각한다. 한국이 준결승에서 만난 베네수엘라는 세계적인 야구 강국으로 선수 전원이 빅리그 현역 선수들이다. 그 선수들의 몸값을 한국 선수들과 비교하면 무려 40배 차이가 난다고 한다. 그런데 실제 점수는 '10 : 2'로 한국이 이겼다. 이 결과는 백락(伯樂)과 같이 천리마를 보는 안목을 가진 김인식 감독이 있기도 했지만 추신수 선수의 3점 홈런이 한국팀에게 큰 힘을 보태주었다.

추신수 선수는 한국팀의 유일한 빅리그 선수이다. 그런데 준결승이 있기 전까지 추신수 선수는 제대로 실력을 발휘하지 못했다. 계속 타석에 서면서 안타를 치지 못할 때 오는 심리적 부담감이 얼마나 컸을까는 짐작할 수 있다. 그렇기에 추신수 선수는 더욱 자신의 실력을 최대한 발휘하기 위해 부단한 노력을 혼자 해왔을 것이다. 그 결과가 3점 홈런으로 나타났다.

이와 관련한 고사성어 중 '권토중래(捲土重來)'가 있다. 이 말은 당(唐)나라 말기의 대표적 시인 두목(杜牧)의 칠언절구「오강정에 붙인다(題烏江亭)」에 처음 보인다. 권토중래란 "어떤 일에 실패한 뒤 다시 힘을 쌓아 그 일에 재차 착수하는 일"을 뜻하는데, 그 내용은 다음과 같다.

> 이기고 지는 것은 병가도 가히 기약할 수 없는 일이지만 부끄러움을 안고 참을 줄 아는 것이 사나이로다. 강동의 자제들에게는 재주가 뛰어난 인

---

1) 조선시대, 성균관 유생들이 국정에 불만이 있을 때 단결하여 관(館)을 나가는 행위를 이르던 말.
2) 나사 모양으로 여러 번 감아 원통꼴을 이룬 도선(導線). 여기에 전류를 흘리면 균일한 전자기장이 생긴다.
3) 혀끝을 윗잇몸 또는 센입천장 쪽으로 말아 올리되 입천장에 닿지 않게 하여 내는 소리.

물이 많으니 땅을 휘말아 거듭 오는 날을 알 수 없구려.(勝敗兵家不可期, 包羞忍恥是男兒, 江東子弟才俊多, 捲土重來未不知)

이 시는 항우(項羽)의 실제 이야기를 토대로 하고 있다. 항우가 유방(劉邦)에게 패하여 자살하기 전까지는 승승장구하며 서초의 패왕이라 칭할 정도로 세력이 위대했다. 그러던 항우가 유방에게 한 번 지고는 모든 것을 다 잃고 도망자의 신세로 전락하고 말았다. 한신이 항우를 잡으려고 구리산(九里山) 곳곳에 병사를 매복시켜 두었으나 항우를 잡지 못했다. 항우는 유방의 포위망을 뚫고 자신의 고향으로 가기 위해 간신히 배를 탔다.

그런데 항우는 고향에 다달았을 때쯤 배에서 내릴 용기가 없었다. 이 때 오강을 지키고 있던 정장(亭長)이 '지금 패배를 낙심하지 말고 강동의 인재를 망라하여 힘을 기른 다음 국력을 기울여 싸우면 이길 가능성이 있다'고 충고하였다고 한다. 그러나 항우는 끝내 정장의 충고를 듣지 않고 배에서 내려 자살을 하였다. 8천 명의 부하를 다 죽이고 혼자 고향으로 갈 용기가 항우에게는 없었던 것이다. 이러한 항우의 풍모를 사나이답다고 높이 평가하기도 한다. 항우는 정장의 '권토중래(捲土重來)'하라는 충고를 듣지 않았지만, 이 일을 가지고 두목이 시를 쓰면서부터 권토중래라는 성어가 알려지게 된 것이다.

한국은 결승전에서 연장전까지 가는 접전을 벌였지만 일본에게 아쉽게 져서 준우승을 차지했다. 그렇지만 선수들 개개인의 부단한 노력으로 인하여 한국인뿐만 아니라 세계인을 감동시켰다. 봉중근 선수가 WBC 출전 전에 "우리는 태극 마크만 달면 달라진다"고 말한 적이 있다. 봉중근 선수의 비장한 마음자세를 알 수 있다. 한국팀은 WBC 대회 1회에 4강, 2회에 준우승, 이제 3회에는 우승을 할 수 있는 저력을 갖춘 팀이 되었다. 한국팀에게 남은 것은 현재에 자만하지 말고 꾸준히 노력해야 한다는 것이다.

학생들이여! 현재의 힘든 상황에 낙담하지 말고 바로 앞에 닥친 일을 해결하며 자신의 능력을 키우기 바란다. 먼 훗날 지금의 힘든 상황을 웃으며 이야기 할 날이 있을 것이다. 그 때의 웃는 자신을 위해 오늘부터 열심히 노력하기 바란다.

捲土重來	扌 扌` 扌' 拦 拳 捲								
	권 모이다								
	一 十 土								
	토 흙								
	一 二 亠 亩 重 重								
	중 무겁다								
	一 ㅆ 來 來								
	래 오다								

捲堂	扌 扌` 扌' 拦 拳 捲								
	권 말다								
	丷 丷 尚 尚 堂 堂								
	당 집								

土地	一 十 土								
	토 흙								
	十 土 圴 圵 地								
	지 땅								

比重	一 比 比 比								
	비 견주다								
	一 二 亠 亩 重 重								
	중 무겁다								

未來	一 二 丰 未								
	미 아니다								
	一 ㅆ 來 來								
	래 오다								

捲土重來									
	扌 扌` 扌䒑 拵 捲 捲								
	권 모이다								
	一 十 土								
	토 흙								
	一 二 亍 亩 車 重								
	중 무겁다								
	一 从 來 來								
	래 오다								

捲線									
	扌 扌` 扌䒑 拵 捲 捲								
	권 말다								
	幺 糸 糸' 約 紵 線								
	선 줄								

土臺									
	一 十 土								
	토 흙								
	亠 亩 直 臺 臺								
	대 대								

體重									
	冂 骨 骨曲 骨曲 體 體								
	체 몸								
	一 二 亍 亩 車 重								
	중 무겁다								

元來									
	一 二 亍 元								
	원 으뜸								
	一 从 來 來								
	래 오다								

偕老同穴(해로동혈)

살아서는 같이 늙고 죽어서는 한 무덤에 묻힌다.

偕 : 해 함께	偕往(해왕)[1]	偕來(해래)[2]	與民偕樂(여민해락)[3]
老 : 로 늙다	元老(원로)	村老(촌로)	敬老(경로)
同 : 동 같다	同時(동시)	共同(공동)	同僚(동료)
穴 : 혈 구멍	經穴(경혈)[4]	鑛穴(광혈)[5]	窟穴(굴혈)[6]

결혼은 인륜지대사(人倫之大事)이다. 그렇기에 그 배필을 신중하게 결정하고 선택해야한다. 그런데 우리 조부모나 부모 세대들은 얼굴 한 번 보지도 않고 결혼하신 분들도 많다. 그럼에도 불구하고 별 탈 없이 잘들 살아오셨다. 이는 집안 어른들이 중신 역할을 제대로 하셨기 때문일 수도 있고, 부부의 믿음이 있었기에 가능했다고 생각한다.

그러면 21세기의 부부관계는 어떠한 가 되돌아보지 않을 수 없다. 2006년에 발표된 소설 중에 베스트셀러가 된「아내가 결혼했다」가 있다. 얼마나 호응이 좋았던지 영화로 만들어지기도 했다. '아내가 결혼을 한다!' 실제로 이혼하지 않은 남편이라면 누가 이것을 허락하겠는가. 그런데 지금 시대는 이러한 생각을 할 수 있도록 사고나 행동이 자유로운 세상이다.

그러나 전대인 우리 조부모 세대는 부부의 인연에 대해서 아주 소중하게 생각했다. 이와 관련한 고사성어가 '해로동혈(偕老同穴)'이다. '해로동혈'은 살아서는 같이 늙고 죽어서는 한 무덤에 묻힌다는 뜻으로 생사를 같이하자는 부부 사랑의 맹세를 비유한 말이다. 우리말에 '백년해로(百年偕老)'와 같다. '해로동혈(偕老同穴)'은『시경』패풍(邶風)「격고(擊鼓)」에 나온다. 원래 패풍은 위(衛)나라 주우(州吁)가 전쟁을 일으켜서 용맹하기만 하고 예(禮)가 없음을 국민들이 원망한 시(詩)이다.

---

1) 함께 감.
2) 여럿이 함께 옴
3) 임금이 백성과 더불어 즐김.
4) 경락(經絡)에서, 뜸을 뜨거나 침을 놓기에 적당한 자리. 14경맥(經脈)의 혈을 이르는 말로, 경락(經絡)의 기혈이 신체 표면에 모여 통과하는 부위이다.
5) 광물을 캐기 위하여 파 들어간 굴.
6) 바위나 땅속으로 깊이 패어 들어간 곳.

> 죽든 살든 멀리 떨어져 있든, 그대와의 약속 이루자고 하였노라. 그대의 손잡고, 그대와 해로하자고 하였노라.(死生契闊, 與子成說. 執子之手, 與子偕老.)
>
> 아 멀리 떨어져 있음이여, 우리 함께 살지 못함이로다. 아 약속함이여, 우리 이 약속 펴지 못함이로다.(于嗟闊兮, 不我活兮. 于嗟洵兮, 不我信兮.)

위 시는 「격고」의 3, 4번째 구절이다. 이 시는 부역에 종사한 자가 그 아내를 생각하며 처음에 아내를 맞이할 때는 죽든 살든 멀리 떨어져 있든 서로 잊거나 버리지 말자고 약속하였으며, 또 서로 손을 잡고 백년해로 하자고 약속했음을 말하고 있다. 그런데 부역이 길어져 백년해로를 약속한 아내와 그 약속을 지키지 못하고 부역을 하고 있는 남편이 안타까워하고 있다. 두 부부의 문제로 헤어진 것이 아니라 제삼자에 의해 두 부부의 약속이 깨어져서 같이 살지도, 같이 묻히지도 못하는 마음이 간절하게 드러나고 있다.

요즘 부부들을 보면 연애이건 중매이건 간에 사랑해서 결혼을 했음에도 불구하고 그 사랑이 오래토록 지속되지 않는 것을 볼 수 있다. 옛날이라고 해서 다 '해로동혈(偕老同穴)'과 같이 사이가 좋은 부부가 있던 것만은 아니다. 『시경』 용풍(鄘風) 「군자해로(君子偕老)」에 보면 부인이 음란하여 군자 섬기는 도리가 없음을 풍자하는 시가 있기도 하다. 시대마다 서로 다른 생각을 꿈꾸는 이들은 있었지만, 어느 것이 진정성이 있는가를 중요하게 생각해야 하고 자신의 선택에 책임을 질 줄 알아야 한다. 한 번도 얼굴을 보지 않고 결혼하였지만, 오랜 기간 부부가 잘 사셨던 분들은 서로의 믿음을 소중하게 여겼기 때문에 부부의 연을 오래 지속했다고 본다.

학생들이여! 아직은 학생들에게 '해로동혈'은 먼 나라의 이야기일 수 있다. 그러나 현재 사귀는 이성 친구에게 믿음이 있나 생각해 보길 바란다. 요즘 학생들을 보면 너무나 이성과 같아지려고 애쓴다. 예를 들어 이메일을 같이 쓰는 학생이 있는 등 이성 친구에 대해 무엇이든 다 알고 공유하려고 한다. 사소한 것까지 다 알려고 하는 것보다 약간은 멀리서 믿고 따라주는 것도 사랑의 한 방법이라는 것을 알아주기 바란다.

偕老同穴	획순 / 음·뜻
偕	亻 仁 仳 仳 偕 偕
	해 함께
老	一 土 耂 耂 老
	로 늙다
同	丨 冂 冃 同
	동 같다
穴	' 宀 穴 穴
	혈 구멍

偕往	획순 / 음·뜻
偕	亻 仁 仳 仳 偕 偕
	해 함께
往	彳 彳 往 往 往
	왕 가다

元老	획순 / 음·뜻
元	一 二 亓 元
	원 으뜸
老	一 土 耂 耂 老
	로 늙다

同時	획순 / 음·뜻
同	丨 冂 冃 同
	동 같다
時	丨 日 旪 旪 時 時
	시 때

經穴	획순 / 음·뜻
經	幺 糸 糸 經 經 經
	경 지나다
穴	' 宀 穴 穴
	혈 구멍

皆老同穴		
偕	亻 亻 亻 仳 偕 偕	해 함께
老	一 土 耂 耂 老	로 늙다
同	丨 冂 冂 同	동 같다
穴	' 宀 宂 穴	혈 구멍

偕來		
偕	亻 亻 亻 仳 偕 偕	해 함께
來	一 双 來 來	래 오다

村老		
村	一 木 木 村 村	촌 마을
老	一 土 耂 耂 老	로 늙다

共同		
共	一 廾 丗 共	공 한가지
同	丨 冂 冂 同	동 같다

鑛穴		
鑛	金 釒 鈩 鑛 鑛 鑛	광 쇳돌
穴	' 宀 宂 穴	혈 구멍

訥催之奴(눌최지노)

자기를 아껴주는 상전을 위해서 있는 힘을 다해 싸우다 함께 죽는다.

訥 : 눌 말더듬다	訥辯(눌변)[1]	訥言(눌언)[2]	訥祇王(눌지왕)[3]
催 : 최 재촉하다	開催(개최)	主催(주최)	催眠(최면)
之 : 지 가다			
奴 : 노 종	奴隷(노예)	奴婢(노비)	奴僕(노복)

2009년, 뉴스와 신문에서는 노무현 전 대통령과 측근의 돈 문제로 온 나라가 난리다. 우리나라는 대통령이 그 직(職)을 그만두면 본인이거나 주위 사람들이 비리에 연루되어 법정에 서는 것이 거의 정례화되고 있다. 정말이지 이 같은 정례화는 다시 일어나지 않기를 바란다. 그럼에도 불구하고 노무현 전 대통령의 형님과 비서관, 조카사위 등이 검찰에서 조사를 받거나 구속이 되었다. 여기에 노 전 대통령의 아들과 부인까지 박연차 회장에게 돈을 받았다고 한다. 정치에 전혀 관심을 가지지 않았다던 영부인이 정치 자금에 연루된 것이다.

우리나라 전 영부인 중 가장 현숙했던 분으로 40대 이상이면 박정희 전 대통령의 부인인 육영수 여사를 떠올릴 것이라 생각한다. 육영수 여사의 현숙함은 18년 동안이나 독재정치를 행했던 박 전 대통령의 폭정을 상쇄시키는 역할을 했다고 볼 수 있다. 미국 클린턴 전 대통령의 아내인 힐러리는 자신의 콤플렉스를 가리기 위해 머리카락으로 이마를 가리고 뿔테 안경을 쓰고 다녔다고 한다. 그런데 남편 클린턴의 대통령 당선을 위해서 자신의 헤어스타일을 바꾸고 안경도 과감히 벗어던진 것이다. 이 두 전 영부인은 공인인 남편을 보좌하고자 자신들의 '이미지 메이킹'을 했다고 볼 수 있다.

최고의 경영자 곁에는 충성스러운 신하가 반드시 있다. 가장 측근 사람들이 올바르지 못하면 그들이 모시는 사람은 제대로 일을 수행할 수 없다. 세

---

1) 서툴게 더듬거리는 말솜씨.
2) 더듬거리는 말.
3) 신라 제19대 왕(?~458, 재위 417~458). 고구려의 힘을 빌려 왕위에 올랐으나 나제 동맹을 체결하여 고구려의 남하 정책에 대항하였으며, 왕위 계승의 부자 상속제를 성립시켰다.

종은 본인의 유능함도 있지만, 황희와 같은 정승을 가까이 두었기에 세종이 더 빛날 수 있었다. 이렇듯 상전은 측근을 올바로 봐야 하고, 측근들은 상전을 위해 열심히 일을 돌봐야 한다.

이와 관련한 얘기가『삼국사기』「열전 제 7 눌최」에 보인다. '눌최(訥催)의 종' 얘기인데, 결론부터 말하면 이 글의 내용은 '자기를 아껴주는 상전을 위해서 있는 힘을 다해 싸우다 함께 죽는다'는 뜻이다. 그 내용은 다음과 같다.

눌최는 사량 사람으로 대내마 도비(都非)의 아들이다. 신라 진평왕 건복 46년 갑신(서기 624년) 겨울 10월에 백제가 침범해 6성을 공격하자, 진평왕은 상주, 하주, 귀당, 법당, 서당의 5군으로 가서 눌최를 구원하도록 명하였으나 백제의 침공이 더욱 사나워지자 신라군은 눌최를 구원하지 않고 돌아갔다. 이에 눌최는『논어』의 "추운 겨울이 이르면 소나무와 잣나무가 나중에 시듦을 안다(歲寒然後 知松柏之後彫也)"라는 구절을 인용하면서 "지금 외로운 성에 구원이 없어 날로 위태로우니 이는 진실로 지사(志士), 의부(義夫)의 절개를 다하여 이름을 날릴 때다"라며 사졸을 격양시키자 사졸들이 죽음을 아끼지 않고 명을 따랐다고 한다.

그 중에 눌최의 종이 있었는데, 힘이 세고 활을 잘 쏘았다. 그래서 주위에서는 소인(小人)이 특이한 재주가 있으면 해가 되니 그 종을 멀리하라고 눌최에게 말하였다. 그러나 눌최는 그 말을 듣지 않고 그 종을 곁에 두었다. 백제군에게 성이 함락되자 그 종은 활을 쏘며 눌최 곁에서 떠나지 않으니 백제군이 두려워하여 앞으로 나오지 못했다고 한다. 이렇게 죽을 각오로 싸웠으나 결국 눌최와 그 종은 더 이상 백제군에 대항하지 못하고 함께 죽고 말았다.

증자(曾子)는 "하루에 세 번 자신을 반성하는데 다른 사람을 위해서 일을 도모(圖謀)하는 데에 정성(精誠)을 다하지 못한 점이 있었는가?(吾日三省吾身, 爲人謀而不忠乎.)"를 말하였다. 대통령의 측근들이 눌최의 종과 증자의 마음으로 대통령을 보좌했다면 지금과 같은 안타까운 일은 벌어지지는 않았을 것이다.

학생들이여. 대학을 졸업하고 회사에 취직하면 소속해 있는 회사를 위해, 자기의 상사를 위해서 최대한 성의를 가지고 일을 해야 한다. 그것이 자신의 발전을 도모하는 길이기 때문이다. 지금의 학생들은 우리나라를 바른 사회로 개혁할 의무가 있다는 것을 명심해야 한다.

訥催之奴	획순	뜻
訥	言 言 訂 訥 訥	눌 말더듬다
催	亻 倠 倠 催 催	최 재촉하다
之	丶 ㇇ 之	지 가다
奴	𡿨 女 女 奴 奴	노 종

訥辯	획순	뜻
訥	言 言 訂 訥 訥	눌 말더듬다
辯	立 立 辛 辡 辯 辯	변 말씀

開催	획순	뜻
開	丨 冂 門 門 閂 開	개 열다
催	亻 倠 倠 催 催	최 재촉하다

奴隷	획순	뜻
奴	𡿨 女 女 奴 奴	노 종
隷	士 隶 隶 隷 隷 隷	예 종

訥催之奴	필순	음·뜻
訥	言 言 訂 訥 訥	눌 말더듬다
催	亻 仡 伒 侔 催	최 재촉하다
之	' ㇇ 之	지 가다
奴	𡿨 女 女 奴 奴	노 종

訥言	필순	음·뜻
訥	言 言 訂 訥 訥	눌 말더듬다
言	亠 言 言	언 말씀

主催	필순	음·뜻
主	丶 亠 亠 丰 主	주 주인
催	亻 仡 伒 侔 催	최 재촉하다

奴婢	필순	음·뜻
奴	𡿨 女 女 奴 奴	노 종
婢	女 女 妒 娘 婢 婢	비 여자 종

父母恩重(부모은중)

부모의 은혜는 소중하다.

父 : 부 아버지	父親(부친)	父子(부자)	神父(신부)
母 : 모 어머니	姑母(고모)	姨母(이모)	丈母(장모)
恩 : 은 은혜	恩寵(은총)	恩人(은인)	恩師(은사)
重 : 중 무겁다	重要(중요)	重點(중점)	尊重(존중)

5월을 '가정의 달'이라 부른다. 5월에는 어린이날, 어버이날이 있어서 그런가보다. 어린이날에는 자녀에게 장난감을 선물 하거나 놀이동산에 데리고 가서 놀도록 만들어 주고, 어버이날에는 부모님께 카네이션을 달아드리고 선물도 드린다. 자신들이 자녀에게 하는 것보다 부모에게 잘 해드리지 못하기에 1년에 하루만이라도 부모님께 고마움을 표시하자라는 의미인 듯하다.

우리는 부모님의 큰 사랑을 간혹 잊어버리고 살아간다. 부모님의 사랑은 자식들을 위해서 당연히 해야 하는 것으로 자식들은 생각한다. 그리고 자식들은 내가 나중에 취직해서 돈을 벌면 부모님께 좋은 선물도 사드리고 효도를 해야지 하는 생각을 갖는다. 그러나 부모님은 항상 자식들을 기다려주지 않는다. 그렇기에 지금 현재에 자신이 할 수 있는 최선의 효를 부모님께 해드려야 한다.

공자는 부모님이 돌아가셨을 때 '삼년상'을 왜 치러야 하는지에 대해 말하였다. 공자는 아기가 태어났을 때 부모가 삼년 동안 그 아기를 돌보아 주지 않으면 아기는 죽고 만다고 하였다. 부모님의 애정 어린 보살핌이 없으면 아기는 곧 죽고 만다. 그런데 문제는 자식들이 부모님의 이런 고마운 은혜에 대해서 부모님 생전에는 잘 표시하지 않는다는 것에 있다. 사랑은 치받이가 아니라 내리 사랑이기 때문이다. 그래서 부모님이 돌아가신 뒤에라야 부모님의 은혜에 보답할 수 있기 때문에 삼년상을 치르는 것이라고 공자는 말한 것이다.

부모님들은 자식이 아프면 10리 길이라도 멀다 여기지 않으시고 자식을 업고 뛰신다. 자식이 아프다는 것 때문에 당신이 힘든 것조차 생각하지 않으신다. 그런데 자식들은 어떤가. 흔히 "긴병에 효자 없다"는 말을 한다. 만약 자식들이 오래토록 부모님 간병을 한다거나, 부모님을 업고 몇 10리 길을 뛰었다면 아마 '세상에 이런 일이'에 방송될 것이다. 이런 세태가 안타깝기만 하다.

부모님 은혜가 소중하다는 것을 깨우쳐 준 글이 있는데 바로 「父母恩重經」이다. 「부모은중경」은 「불설대보부모은중경」을 줄여서 부른 것으로, 부모의 소중한 은혜에 대한 부처님의 가르침을 얘기한 경전이다. 이 경전 속에는 석가모니가 자신의 제자들과 인도 남방을 순회하다가 한 무더기의 뼈를 발견한 후 그와 관련하여 얘기하며 읊은 '게송(偈頌)'과 그림이 있다. 그 내용을 보도록 하자.

석가모니가 길에서 마른 뼈를 발견하고 정중히 절을 하기에 제일(第一) 제자인 아란(阿蘭)이 그 이유를 석가모니에게 물었다. 석가모니는 불교의 윤회를 토대로 하여 무더기 뼈의 주체가 자신의 조상일 수도 있고, 다른 사람들의 조상일 수도 있으니 어찌 그냥 지나갈 수 있겠냐고 말을 하였다. 그런 후 석가모니는 아란에게 그 뼈가 남자의 것인지, 여자의 것인지를 물어보았다. 아란은 뼈에 살이 붙어 형체를 이루고 옷을 입어야 남자인지 여자인지 아는데, 지금처럼 뼈만 보고 어찌 남녀를 구분할 수 있겠냐고 석가모니에게 되물었다.

이에 석가모니는 남자 뼈는 무겁고 희며, 여자 뼈는 가벼우며 검다고 하였다. 그 이유에 대해서 남자는 가람(伽藍)에 들어가서 설법을 듣고 수련을 하여 심신이 편안해 뼈가 희고 무거우며, 반면, 여자는 집안일에 허덕여 정신 수련을 하지 못하고 아이를 출산할 때에 엉긴 피를 흘리며, 아이에게 젖을 먹일 때 여덟 섬 너 말을 먹이는데 이것이 피이므로 뼈가 가볍고 검어진다고 하였다.

이어 석가모니는 어머니가 아이를 밴 후 열 달 동안에 대해서 말하였다. 아이를 밴 첫 달에는 기운이 마치 풀잎 위의 이슬 같고, 둘째 달에는 마치 엉긴 우유 방울 떨어진 것 같으며, 셋째 달에는 엉긴 피와 같다고 하였다. 넷째 달에는 차츰 사람의 모양을 이루고, 다섯째 달에는 어머니 뱃 속에서 아기의 다섯 부분의 모양이 생기는데 머리, 두 팔꿈치, 두 무릎으로 이를 오포(五胞)라 하였다. 여섯째 달에는 아기의 여섯 가지 정기(六精)가 열리는데, 그것이 바로 눈, 귀, 코, 입, 혀, 뜻이다. 일곱째 달에는 삼백 육십 뼈마디와 팔만 사천의 털구멍이 생기며, 여덟째 달에는 뜻과 지혜가 생기며, 아홉째 달에는 어머니 뱃속에 업산(業山), 혈산(血山), 수미산(須彌山)이 생겨 아이에게 먹인다고 하였다. 이어 열째 달에 아이를 낳는 것이다.

이러한 과정을 거치며 부모님들은 힘들게 아이를 베고, 낳고 기르신 것이다. 그리하여 석가모니는 부모님의 은혜 10가지를 제자들에게 말하였는데, 그 내용을 보도록 한다.

> 첫째, 회탐수호은(懷耽守護恩)으로 아기를 베어서 지켜주신 은혜, 둘째, 임산수고은(臨産受苦恩)으로 어머님이 해산에 임하여 고통을 받으신 은혜, 셋째, 생자망우은(生子忘憂恩)으로 자식을 낳고서 근심을 잊으시는 은혜이다.
>
> 넷째, 인고토감은(咽苦吐甘恩)으로 입에 쓴 것은 삼키고 단 것은 뱉어 먹이신 은혜, 다섯째, 회건취습은(廻乾就濕恩)으로 아기는 마른자리에 눕히고 당신은 젖은 자리에 누우신 은혜, 여섯째, 유포양육은(乳哺養育恩)으로 어머님이 젖을 먹여 길러주신 은혜, 일곱째, 세탁부정은(洗濯不淨恩)으로 깨끗지 못한 것을 깨끗이 씻어주신 은혜이다.
>
> 여덟째, 원행억념은(遠行憶念恩)으로 자식이 먼 길 떠나면 걱정하시는 은혜, 아홉째, 위조악업은(爲造惡業恩)으로 자식을 위해서 악업도 마다하지 않으시는 은혜, 열 번째, 구경영민은(究竟怜愍恩)으로 끝도 없이 자식을 사랑하시는 은혜이다.

이 10가지를 누가 나를 위해서 해주겠는가. 지금 내가 사랑하는 사람도, 결혼해서 같이 사는 부부도 이렇게 하지는 못한다. 이 일을 해주실 분은 세상에서 유일하게 부모님밖에 없다.

이 중 열 번째 구경영민은(究竟怜愍恩)의 송(頌)을 보면, "부모님의 크신 은덕 깊고도 중하여라. 크신 사랑 잠시라도 끊일 사이 없으시니 앉으나 일어서나 그 마음이 따라가고 멀든지 가깝든지 크신 뜻은 함께 있네. 어버이 나이 높아 일백 살이 되었어도 여든 된 아들딸을 쉼없이 걱정하네. 이와 같은 크신 사랑 어느 때에 끊이실까 수명이나 다하시면 그때에나 쉬실까"라고 하였다.

부모님의 사랑은 끊이지도 않고 언제나 자식과 함께 하시며 100살이 되셔도 여든 된 자식을 걱정하신다고 하였다. 오죽하면 부모님의 목숨이 다하셔야만 그 사랑이 끊어지고 쉬신다고 말하고 있지 않은가. 그런데 우리 자식들은 이러한 부모님의 사랑과 은혜가 당연한 것으로 여기며 잊고 살아가고 있다.

그러면서도 우리 자식들은 부모님께 카네이션을 달아드리면서 어버이날에 꼭 부르는 노래가 있다. 이름하여 「어버이날 노래」이다. 이 노래는 향가 연구가인 무애(无涯) 양주동(梁柱東)이 작사하였다. 당시 동국대학교에 재직하고 있던 양주동은 바로 「부모은중경」에 나오는 10가지 은혜를 중심으로 이 노래를 작사한 것이다.

> 나실 제 괴로움 다 잊으시고(臨産受苦恩) 기를 제 밤낮으로 애쓰는 마음(咽苦吐甘恩) 진자리 마른자리 갈아 뉘시며(廻乾就濕恩) 손발이 다 닳도록 고생하시네(洗濯不淨恩) 하늘 아래 그 무엇이 넓다 하리요 어머님의 희생은 가이 없어라

이 노래를 일 년에 한 번이라도 제대로 부를 수 있는지 모르겠다. 가끔 스승의날 노래와 헷갈리는 경우도 자주 본다. 앞으로 이 노래를 부를 때는 위에 든 열 가지를 생각하고 부모님의 은혜에 고마음을 마음에 새기며 노래를 부르기 바란다.

여기에서 조선시대 박인로의 「조홍시가(早紅柿歌)」를 더 들어보겠다.

> 반중(盤中) 조홍(早紅)감이 고아도 보이ᄂᆞ다.
> 유자(柚子) 안이라도 품엄즉도 ᄒᆞ다마ᄂᆞᆫ,
> 품어가 반기리 업슬식 글노 설워ᄒᆞᄂᆞ이다.

이 시조는 1601년(선조 34) 초가을에 이덕형(李德馨)이 홍시를 보내니 작자가 중국 육적(陸績) 회귤(懷橘)의 고사를 회상하고 돌아가신 어버이를 생각하며 읊은 노래다. 조홍시가가 좋아 보여서 내 품에 안고 집에 가지고 가나 이를 보고 반겨줄 부모님은 계시지 않다는 작자 자신의 심정을 읊은 시조이다.

학생들이여. 명심하자. 부모님은 항상 우리 곁에 계시며 기다려주시지 않는다는 것을. 박인로와 같이 부모님의 부재(不在)를 깨닫고 뉘우치기 전에 현재의 입장에서 부모님을 즐겁게 해드리는 것이 진정한 효임을. 전화 통화라도 자주 하기 바란다. 5월 한 달 만큼이라도.

父母恩重	ノ ハ 父 父
	부 아버지
	乚 口 母 母
	모 어머니
	冂 因 因 因 恩 恩
	은 은혜
	一 二 亓 亩 重 重
	중 무겁다

父親	ノ ハ 父 父
	부 아버지
	亠 立 辛 亲 親 親
	친 친하다

姑母	女 女 女 女 姑 姑
	고 시어머니
	乚 口 母 母
	모 어머니

恩寵	冂 因 因 因 恩 恩
	은 은혜
	宀 宀 寍 寍 寵 寵
	총 사랑하다

重要	一 二 亓 亩 重 重
	중 무겁다
	一 襾 襾 要 要 要
	요 구하다

父母恩重									
父	ノ 八 ク 父								
	부 아버지								
母	乚 口 母 母								
	모 어머니								
恩	冂 円 因 因 恩 恩								
	은 은혜								
重	一 二 亘 亘 重 重								
	중 무겁다								

父子									
父	ノ 八 ク 父								
	부 아버지								
子	子 子 子 子 子 子								
	자 아들								

姨母									
姨	女 女 妒 娟 姨 姨								
	이 이모								
母	乚 口 母 母								
	모 어머니								

恩人									
恩	冂 円 因 因 恩 恩								
	은 은혜								
人	丿 人								
	인 사람								

重點									
重	一 二 亘 亘 重 重								
	중 무겁다								
點	冂 日 里 黑 黠 點								
	점 점								

鷄鳴狗盜(계명구도)

천한 기능을 가진 사람도 때로는 쓸모가 있다.

鷄 : 계 닭	鷄卵(계란)	養鷄(양계)	蔘鷄湯(삼계탕)
鳴 : 명 울다	共鳴(공명)	耳鳴(이명)[1]	悲鳴(비명)
狗 : 구 개	鬪狗(투구)	走狗(주구)[2]	狗竊(구절)[3]
盜 : 도 훔치다			

옛 말에 사람은 태어날 때 제가 먹고 살 것은 가지고 태어난다고들 한다. 그리고 세상에 버릴 사람은 아무도 없다고도 한다. 사람은 누구나 소중하고 아름다운 존재이기 때문이다. 그런데 요즘은 많이 가졌네, 배웠네 하는 기준을 내세워서 사람을 차별하고 있다. 사람은 다 똑같은 존재이고, 서로의 도움을 주고받으며 살아가는 것이다.

이와 관련한 이야기가 『사기』「맹상군전(孟嘗君傳)」에 보이는데, 그 내용을 보면 다음과 같다.

> 중국 설(薛) 땅 제나라 왕족의 한 사람으로 정곽군(靖郭君) 전영(田嬰)에게는 맹상군(孟嘗君) 전문(田文)이란 아들이 있었다. 전문은 전영의 첩에서 태어나 전영이 좋지 않게 여겼으나 전문은 보통 인간과는 다른 면을 가지고 있어서 부친의 눈에 들었고 나아가 부친의 뒤를 이어 성주가 되었다.
>
> 맹상군은 선정을 베풀기에 온 힘을 다했고 또 막대한 재산을 사용하여 여러 인재를 모았다. 그렇게 모인 식객(食客)만 3천 명을 넘었다고 한다. 그 식객들의 면면을 보면 천하 호걸에서부터 시작하여 성대 묘사를 잘하는 자와 좀도둑(狗盜)까지 섞여 있었다.
>
> 이 시기에 진(秦)나라의 소양왕(昭襄王)이 맹상군의 명성을 듣고는 진나라의 재상으로 맹상군을 초빙하겠다는 뜻을 전해오자 맹상군은 주위의 반대를 무릅 쓰고 소양왕에게 선물할 호백구(狐白裘)와 식객 중 몇 명을 골라서 진나라로 갔다. 한편 소양왕도 신하들이 반대를 하자 맹상군을 재상으로 쓰지 않

1) 바깥 세계에 소리가 없는데도 귀에 잡음이 들리는 현상.
2) 사냥할 때 부리는 개.
3) 자질구레한 물건을 훔치는 도둑을 이르는 말.

기로 결정한다. 그리고 진나라 조정에서는 맹상군을 죽이기로 결정했다.

진나라에 도착한 맹상군이 이런 상황을 눈치 채고는 소양왕의 총희(寵姬)를 찾아가 고향으로 돌아갈 수 있도록 임금께 말을 잘해달라고 부탁하였다. 그러자, 총희는 맹상군에게 그 보답으로 임금에게 선물한 것과 똑같은 '호백구'를 달라고 하였다. 맹상군은 세상에 몇 안되는 호백구를 더 구할 도리가 없어 고민하고 있었는데, 이 때 같이 간 식객 중 도둑에 능한 자(狗盜)가 소양왕의 궁중에 잠입해서 맹상군이 선물로 바쳤던 '호백구'를 훔쳐와서 호백구를 총희에게 줄 수 있었다. '호백구'를 맹상군에게서 받은 총희는 소양왕에게 갖은 애교를 펴서 맹상군이 자국으로 돌아가도록 허락을 받아냈다.

맹상군은 소양왕의 마음이 언제 변할 줄 몰라 허락이 떨어지자마자 바로 진나라를 떠나 제나라로 갔다. 총희의 애교로 인해 맹상군의 귀국을 허락한 소양왕은 바로 후회하고는 진나라 군사들에게 맹상군의 체포 명령을 내렸다.

맹상군 일행은 진나라를 벗어나기 위해 국경인 함곡관(函谷關)을 향해 달려갔는데, 진나라 법에 첫닭이 울기 전에는 관문을 열지 못하도록 정해 놓아서 문을 열 방법이 없었다. 이 때 맹상군 식객 중 성대 묘사에 능한 자(鷄鳴)가 닭 울음소리를 내자 인근에 있던 닭들이 함께 울기 시작하여 관문을 지키던 병졸들조차 아직 날이 밝지 않은 것을 알았으면서도 어쩔 수 없이 관문을 열어 주어 맹상군 일행은 함곡관을 지나 진나라를 탈출할 수 있었다.

이때부터 '계명구도(鷄鳴狗盜)'는 "닭의 울음소리를 잘 내는 사람과 개 흉내를 잘 내는 좀도둑"이라는 뜻으로 쓰이기 시작했다. "천한 기능을 가진 사람도 때로는 쓸모가 있음"을 비유하는 말로 사용하고 있다. 사람은 지위 고하를 떠나 누구든지 한 가지 재주만 가지고 있으면 자신의 안위뿐만 아니라 남까지도 도울 수 있다는 뜻이다.

학생 여러분! 요즘은 경제 상황이 좋지 않아 취직도 어려운 실정이다. 그렇다고 현실 상황만 탓하고 있을 수는 없고 어려운 역경을 헤쳐 나갈 방도를 찾아야 한다. 대학 4년 동안 남들이 딸 수 있는 자격증을 다 따 놓고 나만이 할 수 있는 병기를 마련해 두기 바란다. 그러면 학생은 맹상군과 같은 위기에서 탈출할 수 있음을 명심해야 한다.

鷄鳴狗盜	奚 奚' 奚户 奚阜 鷄 鷄								
	계 닭								
	口 口' 口户 口阜 鳴 鳴								
	명 울다								
	′ 犭 犭 犳 狗								
	구 개								
	氵 次 次 盗 盜								
	도 훔치다								

鷄卵	奚 奚' 奚户 奚阜 鷄 鷄								
	계 닭								
	⺁ 𠂎 卯 卵 卵								
	란 알								

共鳴	一 卄 廾 共								
	공 한가지								
	口 口' 口户 口阜 鳴 鳴								
	명 울다								

鬪狗	𠂆 𠂆 𠂆 門 鬪 鬪								
	투 싸우다								
	′ 犭 犭 犳 狗								
	구 개								

鷄鳴狗盜	
鷄	奚 奚' 奚戶 奚户 鷄 鷄
	계 닭
鳴	口 口' 口户 口鸟 鳴
	명 울다
狗	ノ 犭 犭 犳 狗
	구 개
盜	氵 次 盗 盜 盜
	도 훔치다

養鷄	
養	䒑 羊 美 養 養 養
	양 기르다
鷄	奚 奚' 奚戶 奚户 鷄 鷄
	계 닭

耳鳴	
耳	一 丅 F 臣 耳
	이 귀
鳴	口 口' 口户 口鸟 鳴
	명 울다

走狗	
走	一 土 丰 走 走
	주 달리다
狗	ノ 犭 犭 犳 狗
	구 개

杯盤狼藉(배반낭자)

술잔과 접시가 마치 이리에게 깔렸던 풀처럼 어지럽게 흩어져 있다.

杯 : 배 잔	乾杯(건배)	祝杯(축배)	苦杯(고배)
盤 : 반 소반	基盤(기반)	音盤(음반)	錚盤(쟁반)
狼 : 낭 이리	虎狼(호랑)[1]	鼠狼(서랑)[2]	豺狼(시랑)[3]
藉 : 자 깔개	憑藉(빙자)	藉勢(자세)[4]	慰藉料(위자료)

지난 주 학교는 대동제 기간이다 보니 캠퍼스 전체가 온통 주점 일색이었다. 물풍선 터트리기를 하는 등 다른 재미있는 놀이도 다양하게 하기는 했지만, 대부분의 학과들은 주점을 차려 놓고 손님을 기다리고 있었다.[5]

술도 음식이다. 그런데 사람들은 술을 음식으로 여기지 않는 듯 보인다. 밥을 먹을 때 어느 정도 배가 부르면 밥을 그만 먹는다. 그러나 술은 약간 취했다고 느껴질 때부터 많이 취할 때까지도 술 마시는 것을 멈추지 않는다. 젊음의 호기를 안주로 하고 계속 술을 먹는다. 그런데 모든 사고는 술에서 시작된다고 해도 과언이 아니다. 술도 적당히 먹으면 좋은 음식인데, 사고와 연관이 되다 보니 술이 문제아 취급을 받고 있다.

술과 관련하여『사기(史記)』의「골계열전(滑稽列傳) 순우곤전(淳于髡傳)」에 다음과 같은 이야기가 실려 있다.

> 전국 시대 초엽, 제(齊)나라 위왕(威王) 때의 일이다. 초(楚)나라의 침략을 받은 위왕은 언변이 좋은 순우곤(淳于髡)을 조(趙)나라에 보내어 원군을 청하기로 했다. 위왕은 순우곤의 말에 따라 조왕에게 보내는 선물을 마차에 가득 채웠다.
>
> 순우곤 덕에 호화로운 선물을 받은 조왕은 기분이 흡족해 대군을 제나라에 빌려 주기로 하고, 이윽고 순우곤이 10만의 원군을 이끌고 돌아오자 제

1) 범과 이리를 아울러 이르는 말.
2) 족제빗과에 속한 동물을 통틀어 이르는 말.
3) 승냥이와 이리.
4) 어떤 세력이나 권력을 믿고 의지함.
5) 요즘은 금주캠퍼스를 정해 놓아서 인지 캠퍼스에서 술을 먹지 않는 분위기이다. 놀이기구를 캠퍼스 내에 가져다 놓고 있어 다양한 체험을 하고 있다.

나라와 대치 중이었던 초나라 군사는 밤의 어둠을 타서 철수하였다고 한다. 전화(戰禍)를 모면한 위왕은 크게 기뻐서 주연을 베풀고 순우곤을 치하하며 환담을 했다.

위왕이 "그대는 얼마나 마시면 취하는고?"라고 물으니, 순우곤은 "신(臣)은 한 되(升)를 마셔도 취하옵고 한 말(斗)을 마셔도 취합니다." 하고는 웃어른이랑 술을 마실 때는 얼마 못먹지만 옛 벗을 만나 회포를 풀면서 마신다면 그 때는 대여섯 되쯤 마실 수 있을 것이라며 경우에 따라 다르다고 답하였다. 또 동네 남녀들과 어울려 쌍륙(雙六)[6]이나 투호(投壺)를 하면서 마신다면 그 때는 여덟 되쯤 마시면 취기가 두서너 번 돌 것이옵니다. 그리고 해가 지고 나서 취흥이 일면 남녀가 무릎을 맞대고 신발이 뒤섞이며 '술잔과 접시가 마치 이리에게 깔렸던 풀처럼 어지럽게 흩어지고(杯盤狼藉)' 집안에 등불이 꺼질 무렵이면 안주인이 손님들을 돌려보낸 뒤 신(臣) 곁에서 엷은 속적삼의 옷깃을 헤칠 때 색정적(色情的)인 향내가 감돈다면 그 때는 한 말이라도 마실 것이옵니다." 라고 답하였다.

이어 순우곤은 주색을 좋아하는 위왕에게 "전하, '술이 극에 달하면 어지러워지고, 즐거움이 극에 달하면 슬픈 일이 생긴다'고 하였사오니 깊이 통촉하시옵소서." 라고 간했다고 한다.

순우곤의 말대로 술은 마시는 사람이 상황에 따라 조절하며 마셔야 한다. 여기서 학생들에게 한 번 물어 보자. 과연 술 주(酒)의 부수는 무엇일까. 대개 사람들은 술이 액체라 생각하여 삼수(氵)라고 말할 것이다. 그런데 '술 주'字의 부수는 '닭유(酉)'이다. 이 글자는 '술단지 유'라고 부르기도 한다. 바로 닭이 물 먹듯이 술을 먹으라는 뜻이다. 닭이 물을 먹기 위해서는 부리로 한 모금을 찍고 머리를 올려 물을 마신다. 닭은 물 한 모금을 마시기 위해서 온 힘을 다하는 것이다. 사람들이 술 먹을 때 닭이 물 먹듯 온 힘을 다해서, 또 정신을 집중해서 술을 마시면 실수할 일이 적을 것이다.

학생들이여! 술을 젊어서 너무 마시면 나이가 들어 먹고 싶어도 마실 수 없을지도 모른다. 젊다고 술을 마구 들이키다 보면 몸이 축나고 실수를 하게 마련이다. 순우곤의 말대로 술을 극에 달하도록 마시지 말고, 화날 때 보다는 기분 좋을 때 마셔야 한다. 술도 음식이라는 것을 잊지 말기를 바란다.

---

6) 일종의 주사위 놀이.

杯盤狼藉	
杯	十 木 朩 杯 杯 杯
	배 잔
盤	舟 舟 般 般 盤 盤
	반 소반
狼	ノ 犭 犭 狛 狼
	낭 이리
藉	艹 艹 莉 蔇 藉 藉
	자 깔개

乾杯	
乾	十 古 卓 乾 乾
	건 하늘
杯	十 木 朩 杯 杯 杯
	배 잔

基盤	
基	十 卄 甘 其 其 基
	기 터
盤	舟 舟 般 般 盤 盤
	반 소반

虎狼	
虎	卜 卢 广 虍 虎 虎
	호 범
狼	ノ 犭 犭 狛 狼
	랑 이리

憑藉	
憑	冫 冮 馮 馮 馮 憑
	빙 기대다
藉	艹 艹 莉 蔇 藉 藉
	자 깔개

杯盤狼藉	
杯	十 木 木 杯 杯 杯
	배 잔
盤	舟 舟 般 般 盤 盤
	반 소반
狼	ノ 犭 犭 狛 狼
	낭 이리
藉	艹 艹 藉 藉 藉 藉
	자 깔개

祝杯	
祝	示 示 祀 祝
	축 빌다
杯	十 木 木 杯 杯 杯
	배 잔

音盤	
音	亠 立 音 音
	음 소리
盤	舟 舟 般 般 盤 盤
	반 소반

鼠狼	
鼠	𠂉 匚 臼 臼 鼠 鼠
	서 쥐
狼	ノ 犭 犭 狛 狼
	랑 이리

藉勢	
藉	艹 艹 藉 藉 藉 藉
	자 깔개
勢	坴 埶 埶 埶 勢
	세 기세

愼終追遠(신종추원)

상사(喪事)에는 슬픔을 다하고, 제사(祭祀)에는 공경(恭敬)을 다 한다.

愼 : 신 삼가다	愼獨(신독)	愼重(신중)	謹愼(근신)
終 : 종 마치다	最終(최종)	臨終(임종)	始終(시종)
追 : 추 따르다	追加(추가)	追跡(추적)	追窮(추궁)
遠 : 원 멀다	遠征(원정)[1]	遠近(원근)	遠洋(원양)

올해가 아직 다 가지도 않았는데, 참으로 안타까운 한 해라고 할 수 있다. 우리에게 큰 가르침을 주셨던 큰 어른이 세 분이나 돌아가셨기 때문이다. 두 분은 자신의 생명을 다 누리고 운명하셨고, 한 분은 자신의 의지에 따라 생명을 단축하고 말았다.

그래서 인지 몰라도 이분들이 가시는 마지막 길은 같으면서도 서로 다르다고 볼 수 있다. 여기에는 입장이 다르다는 핑계를 대며 서로 티격태격 싸우기도 하였다. 그래서 더욱 안타깝고 안쓰럽기까지 하다.

우리가 인생을 살아가면서 가장 중요하게 여기는 네 가지가 있는데 그것이 바로 "관(冠) · 혼(婚) · 상(喪) · 제(祭)"이다. 관례는 예전과 방식은 많이 달라졌지만, '성인식'이라는 이름 아래 여전히 행해지고 있다. 결혼은 개인 인생의 대사이기도 하고, 문중간의 경사이기에 여전히 성대하게 치른다. 제사도 종교의 차이는 있지만 자신의 부모, 할아버지의 기일이 되면 이 분들을 정성껏 모시기 위한 노력들을 한다.

상례는 돌아가신 분의 마지막을 잘 마무리하기 위한 절차이다. 조선시대에 선비가 돌아가시면 자손들은 '유월장(踰月葬)'을 지냈다. 요즘은 삼일장, 오일장만해도 힘들다고 하는데, 달을 넘겨 장례를 치르는 유월장은 아마 상상도 못할 것이다. 이러한 의례 중 상례는 돌아가신 분에 대한 남은 자들이 그 도리를 다하고자 하는 마음에서 경건하게 치르는 것이다.

상례와 관련한 말로 '신종추원(愼終追遠)이 있다. '신종추원'은 『논어(論語)』의 「학이편(學而篇)」에 나오는 말이다. '신종(愼終)'은 '부모의 임종을 신

1) 먼 곳으로 싸우러 감.

중히 하다'라는 말로 장례를 극진하게 모신다는 뜻이며, '추원(追遠)'은 '먼 조상을 추모한다'는 뜻으로 제사를 정성스레 올린다는 뜻이다. 이 말을 한 사람은 증자(曾子)이다.

증자(曾子)는 계모 밑에서 구박을 받으며 자랐지만 효성이 지극했다. 증자는 그의 아내가 부모의 밥상에 나물을 덜 익힌 채로 올리자 아내를 내쫓고 평생 혼자 살았다고 한다. 증자의 아들이 증자에게 재혼을 권유하자 증자는 다음과 같이 말했다. "고종(高宗)은 후처 때문에 효기(孝己)를 죽였고, 윤길보도 후처 때문에 백기를 내쳤다. 나는 위로는 고종에게 못 미치고 길보에게도 비교할 수 없는데, 그들이 겪은 이런 일들이 내게도 닥치지 않는다고 장담할 수 있겠느냐?"라고 답했다고 한다. 이렇기에 증자는 평소에 효와 제사를 강조했던 것이다.

그러므로 '신종추원(愼終追遠)'은 유교에서 효의 연장선상인 장례와 제례를 강조하는 말이다. 시대가 바뀌어 장례와 제례를 행하는 방식이 변하고 바뀌기는 했어도 변하지 않는 무엇인가가 존재하고 있다. 그것은 그 의례를 행하는 사람들의 마음가짐이다. 이 마음은 변하지 않을 것이다.

그러나 이 마음은 자신의 부모님이거나 가족인 경우에, 아니면 절친했던 사람일 때만 변하지 않는 듯하다. 나와는 관련이 없거나 이해관계가 얽혀 있을 때에는 아주 냉정하게 변한다.

우리는 최근 몇 개월 동안 김수환 추기경과 김대중 전 대통령, 노무현 전 대통령을 우리 곁에서 떠나보냈다. 여러 가지 우여곡절이 있었지만 미비한 우리들의 변하지 않는 마음을 잘 전달하여 보내드렸다. 그로 인해 이분들은 지금 영원한 안식처에서 편안히 잠들고 계실 것이라 믿는다.

그러나 아직 그 영원한 안식처를 찾지 못하는 이들이 있다. 그들이 바로 용산 참사의 희생자들이다. 아직까지 병원 영안실 냉동고에 그들의 시신이 6개월이 넘도록 안치되어 영원한 안식처로의 이동을 기다리고 있다. 무엇이 이들의 영면을 막는 것일까.

학생들에게 말한다. 사람이 죽으면 그와 관련했던 모든 것을 다 용서해야 한다. 그리고 그를 기려야 한다. 평생 정치 동반자이자 라이벌이었던 김영삼 전 대통령이 김대중 전 대통령의 문병을 하고 나오며 "그 동안의 감정이 봄에 눈 녹는 듯하다"고 하였다. 이 말을 명심해야 한다.

慎終追遠									
	丷 忄 忄 恉 愼 愼 신 삼가다								
	〈 幺 糸 紁 終 終 종 마치다								
	丨 户 自 追 추 따르다								
	十 土 吉 吉 袁 遠 원 멀다								

慎獨									
	丷 忄 忄 恉 愼 愼 신 삼가다								
	丿 犭 犭 犭罒 犭罒 獨 독 홀로								

最終									
	冂 曰 旦 昰 最 최 가장								
	〈 幺 糸 紁 終 終 종 마치다								

追加									
	丨 户 自 追 추 따르다								
	丁 力 加 가 더하다								

遠征									
	十 土 吉 吉 袁 遠 원 멀다								
	丿 彳 彳 彳 征 征 정 치다								

慎終追遠								
	丷 忄 忄 愔 愪 愼							
	신 삼가다							
	ㄑ 幺 糸 紁 終 終							
	종 마치다							
	丨 户 自 追							
	추 따르다							
	十 土 吉 吉 袁 遠							
	원 멀다							

慎重								
	丷 忄 忄 愔 愪 愼							
	신 삼가다							
	一 二 亠 亩 重 重							
	중 무겁다							

臨終								
	卩 臣 臣 臣 臨 臨							
	임 임하다							
	ㄑ 幺 糸 紁 終 終							
	종 마치다							

追跡								
	丨 户 自 追							
	추 따르다							
	口 ⻊ 足 跡 跡 跡							
	적 자취							

遠近								
	十 土 吉 吉 袁 遠							
	원 멀다							
	一 厂 斤 斤 沂 近							
	근 가깝다							

破釜沈船(파부침선)

솥을 깨어 버리고 배를 가라앉힌다.

破 : 파 깨뜨리다	破壞(파괴)	破滅(파멸)	突破(돌파)
釜 : 부 솥	鹽釜(염부)[1]	釜關(부관)[2]	瓦釜(와부)[3]
沈 : 침 가라앉다	沈黙(침묵)	沈滯(침체)	擊沈(격침)
船 : 선 배	船泊(선박)	造船(조선)	乘船(승선)

2012년 여름은 아주 무더운 날씨로 사람들을 힘들게 했다. 밤에도 열대야로 잠을 못 이룰 정도였다. 그런데 열대야 말고도 잠을 못 이루게 하는 것이 하나 더 있다. 그것은 바로 런던 올림픽이다. 4년 동안 태릉선수촌에서 피땀을 흘리며 훈련하여 세계 각국의 선수들과 경쟁을 하는 자리이다. 매 경기마다 선수들은 혼신의 힘을 쏟아 부어 모든 경기가 다 각본 없는 드라마였다.

첫 금메달을 장식한 사격, 7연패를 한 여자 양궁, 아시아에서는 처음 금메달을 딴 여자 펜싱, 2002년 월드컵에 이어 동메달을 딴 축구, 금메달만큼이나 값진 은메달을 딴 수영의 박태환 선수 등 이루다 말할 수 없는 선수들이 많다. 그러자 방송에서는 런던 올림픽의 선수 영웅들을 앞 다투어 인터뷰하고 토크쇼에 등장시켰다.

방송을 보면서 필자의 관심을 끈 선수들은 바로 유도 선수들이다. 금메달을 딴 송대남, 김재범 선수, 동메달을 딴 조준호 선수이다. 조준호 선수는 오심을 통해 통한의 동메달을 따서 아쉬움을 더했다. 이들이 메달을 딸 수 있었던 것은 혹독한 훈련 때문이다. 김재범 선수는 선수들이 하기 힘든 그랜드슬럼을 달성했다. 김재범 선수는 자신이 훈련할 때 "죽기 살기로 한 것이 아니라 죽을 각오로 훈련을 했다"고 했다. 살기는 생각도 안했을 만큼 비장한 마음으로 훈련을 해서 금메달을 딴 것이다.

이와 비슷한 고사가 바로 '파부침선(破釜沈船)'이다. 이 사자성어는 "밥 짓는 솥을 깨고 돌아갈 때 탈 배를 가라앉힌다"는 뜻으로 죽음을 각오하고 결사적으로 싸우겠다는 굳은 결의를 비유하는 말이다. 이 말은『사기』「항우본

1) 바닷물을 고아 소금을 굽는 큰 가마.
2) 부산(釜山)과 일본의 시모노세키(下關)를 아울러 이르는 말.
3) 기와를 굽는 가마.

기」에 나오는데, 그 내용은 다음과 같다.

> 진나라 말기 급격히 추진된 진나라의 통일정책과 대국민 토목공사 등으로 백성들의 부담이 가중되면서 민심이 동요하기 시작하자, 진시황 말년에 극단적인 탄압정책이 시작되었다. 이 같은 진나라의 폭정을 견디다 못한 백성들은 시황제의 죽음을 계기로 여기저기서 폭동을 일으켰다. 이에 진나라는 장군 장한을 내세워 항량을 정도에서 대패시키고 그를 죽였다. 장한은 이 승세를 타고 조왕(趙王)을 크게 격파하려고 하자 다급해진 조왕은 항우에게 구원병을 요청하였고, 항우는 진나라를 치기 위해 직접 출병하였다.
>
> 항우의 군대가 막 장하를 건넜을 때, 항우는 갑자기 타고 왔던 배를 부수어 침몰시키라고 명령을 내리고, 뒤이어 싣고 온 솥마저도 깨뜨려 버리고 주위의 집들도 모두 불태우라고 했다. 그리고 병사들에게는 3일 분의 식량만을 나누어주었다. 이제 돌아갈 배도 없고 밥을 지어 먹을 솥마저 없었으므로, 병사들은 결사적으로 싸우는 수밖에 달리 방법이 없었다. 병사들은 출진하라는 명령이 떨어지기가 무섭게 적진을 향해 돌진하였다. 이렇게 아홉 번을 싸우는 동안 진나라의 주력 부대는 궤멸되고, 이를 계기로 항우는 제장의 맹주가 되었다.

항우는 죽기를 각오한 끝에 전투에서 이길 수 있었다. 김재범 선수는 부상으로 손가락은 자유롭게 사용할 수 없었다. 그리고 온 몸이 다 고장이 났으나 치료도 제대로 받지 못하는 상황이었다. 그럼에도 불구하고 김재범 선수는 자신의 목표를 일구어냈다. 송대남 선수는 김재범 선수와 같은 체급이어서 불가피하게 한 체급을 올려 출전하였다. 체급을 올렸기 때문에 체중을 늘려야만 했는데, 체급 경기 운동 선수가 살을 찌우면서 훈련을 하는 것은 아주 힘든 일이다. 송 선수는 체중을 늘리기 위해 밤에 스테이크를 10장씩 먹었다고 한다. 누구나 어떤 일이든 마음먹기에 달려 있다.

학생들에게 말한다. "지금 내 상황에서 이것을 어떻게 해." 앞으로 이런 생각을 버리기 바란다. 누구든지 간절히 원하면 그 꿈은 반드시 이루어진다고 한다. 송대남 선수는 이번 올림픽이 마지막 출전이었다. 그만큼 얼마나 절박했겠는가. 학생들도 송대남 선수와 같은 심정으로 열심히 노력하여 여러분의 꿈을 반드시 이루기 바란다.

破釜沈船	𠂆 石 矿 矿 矿 破
	파 깨뜨리다
	八 父 父 釜 釜 釜
	부 솥
	氵 氵 沙 沈
	침 가라앉다
	丿 月 舟 舟 舡 船
	선 배

破壞	𠂆 石 矿 矿 矿 破
	파 깨뜨리다
	土 堶 堶 壊 壞
	괴 무너지다

鹽釜	臣 臣 臨 鹽 鹽 鹽
	염 소금
	八 父 父 釜 釜 釜
	부 솥

沈默	氵 氵 沙 沈
	침 가라앉다
	罒 甲 里 黑 默 默
	묵 묵묵하다

船泊	丿 月 舟 舟 舡 船
	선 배
	氵 氵 泊 泊 泊
	박 배

한자	필순 / 뜻
破釜沈船	𠂆 石 矴 矿 矿 破
	파 깨뜨리다
	八 父 㸙 斧 斧 釜
	부 솥
	氵 氵 沙 沈
	침 가라앉다
	丿 介 舟 舟 舡 船
	선 배

한자	필순 / 뜻
破滅	𠂆 石 矴 矿 矿 破
	파 깨뜨리다
	氵 沂 沂 泝 滅 滅
	멸 멸망하다

한자	필순 / 뜻
釜關	八 父 㸙 斧 斧 釜
	부 솥
	丨 門 門 閼 關 關
	관 빗장

한자	필순 / 뜻
沈滯	氵 氵 沙 沈
	침 가라앉다
	氵 氵 氵 泄 滯 滯
	체 막히다

한자	필순 / 뜻
造船	丿 ⺈ 牛 生 告 造
	조 짓다
	丿 介 舟 舟 舡 船
	선 배

吳越同舟(오월동주)

오(吳)나라 사람과 월(越)나라 사람이 한 배에 타고 있다.

吳 : 오 나라 이름	吳回(오회)[1]	陳吳(진오)[2]	吳姬(오희)[3]
越 : 월 넘다	超越(초월)	追越(추월)	越尺(월척)
同 : 동 같다	同僚(동료)	同生(동생)	共同(공동)
舟 : 주 배	方舟(방주)[4]	舟路(주로)	片舟(편주)

얼마 전 MB 정부가 개각을 단행했다. 초미에 관심사는 다름 아닌 국무총리에 누가 임명되느냐이다. 국무총리에 처음으로 지목된 사람은 지명에 거부를 하며 탈당하기도 하였다. 이렇게 한 행동은 당시 국무총리 자리가 아주 힘들고 민감한 자리였기 때문이다. 언론에서는 3-4명으로 압축하면서 누가 될 것인가를 추측하기도 했다. 그런데 뚜껑을 열어 보니 MB정부의 정책을 맹비난했던 전 서울대 총장 정운찬 교수를 국무총리에 내정한 것이다.

이 일을 가지고 여러 사람들이 문제를 제기했다. 국무총리 내정자가 현 정부와 국정 노선이 다른데 제대로 소신을 가지고 일을 할 수 있을 것인가이다. 또 한쪽에서는 세종시문제와 서민정책에서 있어서 문제가 많았는데, 이 문제를 해결할 인물로 정 전 서울대 교수가 가장 적임자라 하여 내정했다고 하였다.

여기에서 우리가 생각할 수 있는 것은 "참 급했구나"이다. MB 정부가 현 시점을 타개해야 하는데 별 방도는 없고 뭔가는 보여줄 수가 없으니 지금과 정반대의, 누구도 생각하지 못한 카드를 내민 것이다. 어찌 보면 적과의 동침이라고 할 수 있다. 이와 같은 내용이 『손자(孫子)』「구지편(九地篇)」에 나온다.

『손자』는 중국의 유명한 병법서로 춘추전국시대에 오나라에 있었던 손무(孫武)가 쓴 책이다. 『손자』에서 손무는,

---

1) 불을 맡아 다스리는 신(神).
2) 어떤 일에 선수를 치는 일. 또는 그런 사람. 초나라 사람인 진승과 오광이 반란을 일으키는 데 있어 선수를 쓴 데서 유래한다.
3) 중국 오(吳)나라 때의 아름다운 여자. 흔히 매우 아름다운 여자를 비유적으로 이를 때 쓰기도 한다.
4) 네모반듯한 모양으로 만든 배.

"대저 오나라 사람과 월나라 사람은 서로 미워한다. 그러나 그들이 같은 배를 타고 가다가 바람을 만나게 되면 서로 돕기를 좌우의 손이 함께 협력하듯이 한다(夫吳人與越人相惡也 當其同舟而濟遇風 其相救也 加左右手)."

라고 쓴 것에서 '오월동주(吳越同舟)'가 비롯되었다. 즉, 서로 원수지간이면서도 어떤 목적을 위하여는 부득이 협력을 하는 상태를 일컫는다.

오나라는 단발(斷髮)의 풍속을 지닌 만족(蠻族)으로 진(晉)나라와 연합하여 국력이 강했다. 합려(闔閭) 때가 전성기였으나 월왕(越王) 구천(句踐)에게 패사(敗死)하였고 합려의 아들 부차(夫差)가 궐기하여 원수를 갚은 적이 있다. 그러나 부차도 결국 월나라에 의하여 멸망하고 말았다. 월나라도 오나라와 마찬가지고 단발과 문신(文身)이 있던 민족으로 2대왕 구천 때가 전성기로써, 처음에 오왕 부차에게 회계(會稽)에서 격파되었으나, 얼마 안 되어 부차가 북진정책에 정신을 팔고 있는 틈을 타서 오에 쳐들어가 멸망시켰다.

이처럼 오나라와 월나라는 예부터 원수지간이다. 2대에 걸쳐 지고 이기는 싸움을 하였다. 여기에서 "와신상담(臥薪嘗膽)"이란 성어가 유래하였다. 그런데 중요한 것은 이렇게 원수지간이면서도 불구하고 서로가 위협에 놓이게 되면 먼저 살겠다는 것이 아니라 서로 도와주어 지금의 난국을 풀기 위해 하나 된 마음이 된다는 것에 있다.

정운찬 전 서울대 총장의 기용은 현 정부가 바로 이러한 정신을 발휘한 것이다. 어찌 보면 노무현 전 대통령이 시행하려고 했던 연정과 비슷하다고 할 수 있다. 이렇게라도 해서 현재의 난국을 헤쳐갈 수만 있다면 좋겠다는 생각을 해본다. 그런데 현재 여·야당은 자기 계파로 인해 다투고들 있다. 국민들을 위해 일을 하겠다던 국회의원들이 국민들의 현실을 외면한 채 자신들의 살 길만을 찾고 있다.

학생들에게 말한다. 자신의 생각만을 주장할 때가 있고 하나 된 마음으로 함께 행동할 때가 있다. 지금 우리는 오나라와 월나라 사람들의 지혜를 배울 때이다. 이렇게 해도 잘 될까 말까이다.

"함께 가자 우리 이 길을 서로의 손을 맞잡고"

吳越同舟		
吳	冂 口 吕 吕 呉 吳	오 나라 이름
越	十 土 キ 赱 越 越	월 넘다
同	丨 冂 冂 同	동 같다
舟	′ 丿 凢 舟	주 배

吳回		
吳	冂 口 吕 吕 呉 吳	오 나라 이름
回	冂 冋 回 回	회 돌아오다

超越		
超	十 土 キ 走 超 超	초 넘다
越	十 土 キ 赱 越 越	월 넘다

同僚		
同	丨 冂 冂 同	동 같다
僚	亻 侅 侅 僚 僚 僚	료 동료

方舟		
方	亠 亡 方	방 모
舟	′ 丿 凢 舟	주 배

吳越同舟	
	冂 口 吕 吕 昗 吳
	오 나라 이름
	十 土 丰 走 越 越
	월 넘다
	丨 冂 冃 同
	동 같다
	丿 冂 舟 舟
	주 배

陳吳	
	了 阝 阝 陌 陣 陳
	진 베풀다
	冂 口 吕 吕 昗 吳
	오 나라 이름

追越	
	丿 户 自 追 追 追
	추 쫓다
	十 土 丰 走 越 越
	월 넘다

同生	
	丨 冂 冃 同
	동 같다
	丿 仁 牛 生
	생 나다

舟路	
	丿 冂 舟 舟
	주 배
	口 早 足 跤 路
	로 길

汗牛充棟(한우충동)

수레에 실어 운반하면 소가 땀을 흘리게 되고, 쌓아올리면 들보에 닿을 정도로 책이 많음.

汗 : 한 땀	發汗(발한)	汗蒸(한증)	汗衫(한삼)[1]
牛 : 우 소	牛乳(우유)	韓牛(한우)	牽牛(견우)
充 : 충 채우다	充足(충족)	擴充(확충)	補充(보충)
棟 : 동 마룻대	病棟(병동)	棟梁(동량)	本棟(본동)[2]

며칠 전만해도 더워서 낮에는 그늘을 찾아다니고는 했다. 어른들은 더울 때면 '날아다니는 솔개의 그림자도 아쉽다'고 하여 더위를 작은 솔개 그림자 밑에서라도 피하고자 했다. 그러던 더위가 이제는 어디로 갔는지 아침저녁으로 바람이 쌀쌀해져 완연한 가을이 왔다고 할 수 있다.

흔히들 가을 하면 독서의 계절이라고 한다. 가을은 덥지도 춥지도 않는 여유와 낭만이 있기에 이런 가을에 책을 읽는다면 '금상첨화(錦上添花)'가 아닐까 생각한다. 그런데 요즘 대학생들은 책을 많이 읽지 않는다. 지금 학생들에게 책은 "아직 가까이 하기엔 너무 먼 당신"인 듯하다.

요즘은 책의 홍수 속에 빠져 살고 있다. 책이 너무 많이 출판되다 보니 이제 학술지는 공간을 차지하는 애물단지로 전락하였다. 어느 학회에서는 학회지를 책의 형태로 출판하지 않고 전자출판만을 하고 있기도 하다. 책의 홍수 속에서 더 이상의 책은 필요 없다는 생각에서 시도한 것이다. 더 나가 앞으로의 세상에서 '종이책'의 출판은 필요 없다고 얘기하는 사람들도 있다. 그렇다고 진짜 책이 없어질까. 하기야 한 달이나 한 주에 출판되는 책을 보면 그 양이 대단하다. 다양한 시각의 여러 책이 있는 것도 좋겠지만, 진정한 책을 골라 출판하는 것도 바람직해 보인다.

이와 같은 우려의 목소리는 옛날에도 있었는데, 바로 중국 당(唐)나라의 문장가 유종원이 쓴 『육문통선생묘표(陸文通先生墓表)』에 나온다. 묘표는 죽은 사람의 사적과 덕행을 기리는 위해 돌에 문장을 새겨 무덤 앞에 세우는

1) 원삼이나 활옷 등의 예복을 입을 때 손을 가리기 위해 소매 끝에 길게 덧대는 흰 천.
2) 여러 채의 건물 중에 으뜸이 되는 집채.

것이다. 그 내용은 대강 이렇다.

> 춘추시대 공자가 노(魯)나라 역사서인『춘추(春秋)』를 지은 지 1,500년이 되었고,『춘추』에 주석을 단 사람은 좌씨(左氏), 공양씨(公羊氏), 곡량씨(穀梁氏), 추씨(鄒氏), 협씨(夾氏) 다섯 사람이다. 이들 중 좌씨, 공양씨, 곡량씨가 지은 주석서만 현재까지 남아 있는데, 앞의 다섯 사람들 외에도 온갖 주석을 한 학자들이 1,000명에 달한다. 이처럼 많은 사람들이 공자의『춘추』를 해석하며 비뚤어진 해석이나 다른 학파에 대한 비난, 공격만이 눈에 띈다. 더욱이 그런 패거리들의 저작만이 세상에 횡행하여 '그들이 지은 책을 집에 두면 대들보까지 차고, 밖으로 내보내면 소와 말이 땀을 낸다.'(其爲書處則充棟宇 出則汗牛馬)

여기서 말한 '충동우(充棟宇) 한우마(汗牛馬)'가 변하여 '한우충동'이 되었다. 공자의 본뜻에 합치한 학설은 세상에 묻혔다는 말로 유종원은 당시 학문계의 상황을 한탄한 글이다. 그래서 '한우충동(汗牛充棟)'에는 많은 시시한 책이라는 뜻도 아울러 가지고 있다.

필자가 박사과정에 다닐 때만 해도 책을 사는 것이 공부의 한 방식이라 생각한 적이 있었다. 필자가 국문학을 전공해서 그런지 돈이 생기면 바로 책을 사고 앵글로 책꽂이를 짜서 방의 벽마다 쭉 진열해 놓으면 마음이 뿌듯해지기도 했다. 그런데 지금 대학원들이나 학부생들을 보면 책을 많이 사지도, 읽지도 않는다. 세월이 지나다 보니 생각도 변하는가 보다.

학생들에게 말한다.『사기(史記)』「공자세가(孔子世家)」에 보면 공자가 늦게 주역을 좋아하여 자주 주역을 읽어 가죽끈이 세 번 끊어졌다는 '위편삼절(韋編三絶)'이 나온다. 공자 같은 성인도 학문 연구를 위해서는 피나는 노력을 했다는 증거이다. 이제부터라도 책을 많이 읽어서 자신의 방을 책으로 채워 보라. 광고에서처럼 "봄에도 집합공부, 여름에도 집합공부, 가을에도 집합공부"가 아닌 처음부터 정독하는 독서 습관을 가지고 다양한 분야의 책을 이 가을에 읽어 보자.

汗牛充棟		
汗	` 冫 汀 汘 汗	한 땀
牛	ノ 𠂉 仁 牛	우 소
充	一 𠫓 云 㐬 充	충 채우다
棟	木 朩 栢 梄 楝 棟	동 마룻대

發汗		
發	フ 癶 癶 癹 發 發	발 피다
汗	` 冫 汀 汘 汗	한 땀

牛乳		
牛	ノ 𠂉 仁 牛	우 소
乳	ˊ 爫 孚 孚 乳	유 젖

充足		
充	一 𠫓 云 㐬 充	충 채우다
足	丨 冂 口 早 𧾷 足	족 발

病棟		
病	亠 广 疒 疒 疔 病	병 질병
棟	木 朩 栢 梄 楝 棟	동 마룻대

汗牛充棟		
汗	丶 氵 氵 汁 汗	한 땀
牛	ノ 𠂉 𠂉 牛	우 소
充	一 亠 亠 产 充	충 채우다
棟	木 杧 柜 栢 梀 棟	동 마룻대

汗蒸		
汗	丶 氵 氵 汁 汗	한 땀
蒸	艹 芓 芽 苤 蒸 蒸	증 찌다

韓牛		
韓	卓 卓 乾 韓 韓 韓	한 나라
牛	ノ 𠂉 𠂉 牛	우 소

擴充		
擴	扌 扩 护 护 擴 擴	확 넓히다
充	一 亠 亠 产 充	충 채우다

棟梁		
棟	木 杧 柜 栢 梀 棟	동 마룻대
梁	氵 汈 沏 泖 梁 梁	량 들보

亡羊補牢(망양보뢰)

양 잃고 우리를 고친다.

亡 : 망 달아나다	亡命(망명)	逃亡(도망)	滅亡(멸망)
羊 : 양 양	山羊(산양)	羊角(양각)	犧牲羊(희생양)
補 : 보 돕다	補助(보조)	補完(보완)	補選(보선)[1]
牢 : 뢰 우리	豕牢(시뢰)[2]	太牢(태뢰)[3]	圈牢(권뢰)[4]

얼마 전까지는 날씨가 더워서 에어컨을 틀었는데, 이제는 아침저녁으로 쌀쌀해져 옷장에서 긴팔을 꺼내 입어야 할 때가 왔다. 이렇듯 시간은 참 빨리 흘러간다. 어르신들은 자신 나이만큼의 속도로 세월이 지나간다고 하신다. 10대는 시속 10㎞로, 70대는 시속 70㎞로 간다는 말이다.

개강을 한 지도 벌써 한 달이 다 되어 간다. 누구나 학기 초에는 '내가 요번 학기에는 무엇을 해야지'라고 다짐을 한다. 그런데 그 다짐이 오래가지 못한다. 여기에는 여러 가지 변수가 있을 수 있다. 이미 많은 학생들이 경험해 보지 않았는가. 여러 학생들은 신입생으로 입학해서 지금까지 무엇을 하였는가. 4학년들은 1학년 때를 되돌아보며 '참 세월 빠르다'라고 말 할 것이다. 반면 1학년은 '아직 시간이 많은 데' 라고 할 것이다. 그러나 시간은 학생들이 생각하는 것과 같이 많지가 않다. 언제나 그렇듯 젊은 사람들은 현재에 내가 할 일이 무엇인지를 알고 있으면서도 그것을 내일로 미루고, 내일이 있다고 안심하고 있다.

주희는 「권학문(勸學文)」에서 "오늘에 배우지 않아도 내일이 있다고 이르지 말며, 금년에 배우지 않고 내년이 있다고 이르지 말아라. 날과 달은 가고 해는 나에게 늘어나지 않으니, 슬프다 늙어서 후회한들 이것이 누구 탓이겠는가"라고 말씀하셨다. 이를 대변이라도 하듯 후회할 때가 가장 빠르다고도 한다. 그러나 지금 실천하지 않으면 나중에 후회하는 일이 반드시 생기는 법

---

1) 임기 도중에 사직, 사망 또는 실격한 사람이 있을 때, 남은 임기를 채우기 위하여 후임자를 뽑는 임시 선거.
2) 돼지를 가두어 키우는 곳.
3) 예전에, 나라의 제사에서 소를 통째로 제물로 바치는 일을 이르던 말.
4) 짐승을 가두어 두는 우리.

이다.

이와 관련한 이야기가 중국 전한(前漢) 때의 학자 유향(劉向)이 편찬한 『전국책(戰國策)』「초책(楚策)」에 나온다. 전국시대 초(楚)나라에 대신 장신(莊辛)은 초 양왕(襄王)에게 사치로 국고를 낭비하는 신하들을 멀리하고, 왕 또한 사치한 생활을 그만두고 국사에 전념하라고 충언을 하였다. 그러나 왕은 오히려 장신에게 욕설을 퍼붓고 그의 말을 듣지 않았다. 장신은 결국 조(趙)나라로 갔는데, 5개월 뒤 진나라가 초나라를 침공해, 양왕은 성양으로 망명할 처지에 놓이고 말았다.

양왕은 이 때야 비로소 장신의 말이 옳았음을 깨닫고 조나라로 사람을 보내 장신을 불렀다. 양왕이 장신에게 이제 어찌해야 하는지를 묻자 장신은 "토끼를 보고 나서 사냥개를 불러도 늦지 않고, 양이 달아난 뒤에 우리를 고쳐도 늦지 않습니다.(見兎而顧犬 未爲晩也 亡羊而補牢 未爲遲也)" 라고 대답하여 아직 기회는 있다고 양왕에게 말하였다고 한다.

여기서 '망양보뢰(亡羊補牢)'라는 말이 쓰였고, 이미 양을 잃은 뒤에 우리를 고쳐도 늦지 않다는 뜻이다. 다시 말해 실패 또는 실수를 했더라도 빨리 뉘우치고 수습하면 늦지 않다는 말이다. 원래는 부정적인 뜻보다 긍정적인 뜻이 강했다. 그러나 후대로 오면서 원래의 뜻과 달리, 일을 그르친 뒤에는 뉘우쳐도 이미 소용이 없다는 부정적인 의미로 바뀌었다.

이와 유사한 말로 사후약방문(死後藥方文)과 만시지탄(晩時之歎)이 있다. '사후약방문'은 조선 인조(仁祖) 때의 학자 홍만종(洪萬宗)이 지은 『순오지(旬五志)』에 나오는데, 사람이 죽은 뒤에 약을 짓는다는 뜻으로, 일을 그르친 뒤에 아무리 뉘우쳐봐야 이미 늦었다는 말이다. '만시지탄'은 정해진 시간이나 기회를 놓치고 일이 지나간 뒤에 때늦은 탄식을 하면 아무 소용이 없다는 말이다.

학생들에게 말한다. 이미 늦었다고 후회하며 포기하지 말고 지금이라도 고치면 기회는 온다는 생각으로 열심히 하는 일에 임하기 바란다. 우리가 연습이라는 말을 흔히 쓴다. '습(習)'은 어린 새가 날기 위해서 날개짓을 '파다닥' 거리는 것을 나타내는 글자이다. 어린 새가 처음 날기 위해 얼마만큼의 노력을 하겠는가. 오늘부터라도 어린 새가 하늘을 날기 위해 연습하듯 개개인의 전공과 외국어 등을 열심히 공부했으면 한다. 나중에 후회하지 않도록 말이다.

亡羊補牢	' 亠 亡								
	망 달아나다								
	丷 兰 羊								
	양 양								
	' 亻 衤 衤 衦 補								
	보 돕다								
	' 冖 宀 宀 牢								
	뢰 우리								

亡命	' 亠 亡								
	망 달아나다								
	人 亼 合 合 命								
	명 목숨								

山羊	丨 丨丨 屮 山								
	산 뫼								
	丷 兰 羊								
	양 양								

補助	' 亻 衤 衤 衦 補								
	보 돕다								
	丨 冂 且 盯 助								
	조 돕다								

豕牢	一 丆 了 豕 豕 豕								
	시 돼지								
	' 冖 宀 宀 牢								
	뢰 우리								

亡羊補牢	丶亠亡
	망 달아나다
	丷兰羊
	양 양
	丶 礻 衤 衦 裄 補
	보 돕다
	丶 宀 宀 宀 牢
	뢰 우리

逃亡	丿 扌 兆 兆 逃
	도 달아나다
	丶亠亡
	망 달아나다

羊角	丷兰羊
	양 양
	ノ ⺈ 角 角 角
	각 뿔

補完	丶 礻 衤 衦 裄 補
	보 돕다
	丶 宀 宀 宀 宇 完
	완 완전하다

太牢	一ナ大太
	태 크다
	丶 宀 宀 宀 牢
	뢰 우리

過猶不及(과유불급)

모든 사물(事物)이 정도(程度)를 지나치면 도리어 안 하는 것만 못하다.

過 : 과 지나다	過去(과거)	過剩(과잉)	經過(경과)
猶 : 유 오히려	猶豫(유예)[1]	執猶(집유)[2]	猶太敎(유태교)
不 : 불 아니다			
及 : 급 미치다	言及(언급)	波及(파급)	遡及(소급)

약물 이외에 중독으로 사람의 몸을 상하거나 위험하게 만드는 것이 바로 '운동'이다. 요즘 각 지자체에서는 동네 하천을 정비하여 걷거나 자전거를 탈 수 있도록 길을 잘 닦아 놓았다. 현재 단국대학교 천안캠퍼스도 호숫가에 산책로(한바퀴 2.3km)를 잘 만들어 놓아 천안 시민들과 학생들이 많이 이용하고 있다. 이렇게 적당히 운동을 하면 몸도 좋아 지고 정신도 맑아질 거라 생각한다.

그런데 문제는 '조금 더'를 위하여 무리를 하는 것에 있다. 처음서부터 무리하게 걷는다 든지, 뛴다 든지 하면 발바닥과 뒤꿈치에 물집이 잡히거나 까지기 십상이다. 심지어 근육에 이상이 생기는 경우도 있다. 그러면서도 고통을 참으며 운동을 여전히 하는데, 일종의 중독이다.

이러한 현상은 우리가 일을 하는 것에서도 볼 수 있다. 일을 할 때 "최소한 ㅇㅇ보다는 잘해야지"라며 상대편이나 라이벌을 의식하여 일을 무리하게 진행한다. 그러다 보면 새로운 무엇인가를 만들어 내려고 애를 쓰게 되어 일을 체계 있게 하지 못한다. 과도한 경쟁으로 인한 보여주기식, 이벤트성의 일이 되기 쉽다.

우리나라 대통령들만 봐도 자신의 전직 대통령과 차별성을 두기 위해 여러 일을 벌였다. 그 중에는 진정으로 바람직한 일이 있을 수도 있지만, 앞에서 안 했기 때문에 내가 해야 한다는 식으로 일을 진행하기도 했다. 이와 같이 다른 사람보다 더 잘하기 위해서 일을 무리하게 진행하는 것은 바람직한 일이 아니라고 생각한다.

---

1) 일을 실행하는 데 날짜나 시간을 미루거나 늦춤.
2) 단기 자유형의 폐해를 막기 위한 제도.

공자도 이와 관련한 얘기를 『논어』「선진편(先進篇)」에서 하고 있다.

> 자공(子貢)이 공자께 "사(師:子張의 이름)와 상(商:子夏의 이름) 중에 누가 어집니까?" 라고 묻자, 공자께서는 "사는 지나치고 상은 미치지 못한다"고 대답하셨다. "그럼 사가 낫단 말씀입니까?" 라고 자공이 물으니 공자께서는 "지나침은 미치지 못하는 것과 같다"고 말하셨다.(子貢問, "師與商也孰賢?" 子曰, "師也過, 商也不及." 曰, "然則師愈與?" 子曰, "過猶不及.")

공자의 이 말은 자장은 재주가 높고 뜻이 넓었으나 어려운 일을 하기 좋아했으므로 항상 중도(中道)에 지나쳤고, 자하는 독실하게 믿고 삼가 지켰으나 규모가 협소했으므로 항상 미치지 못하였기에 반대인 두 사람을 비교하여 둘 다 중도에서 벗어났음을 알려준 것이다. 이 구절의 주석을 보면, "도(道)는 중용(中庸)을 극치로 삼으니 어진 사람과 지혜로운 사람의 지나침이 비록 어리석고 불초한 사람의 미치지 못함보다는 나을 것 같지만 그 중도를 잃은 것에서는 똑 같다"고 평한 것이다.

어찌 보면 둘 다 중도를 벗어나서 나쁘다고는 하지만, 지나친 것보다는 약간 못 미치는 것이 더 낫다고 볼 수도 있다. 그래서인지 공자는 『논어』「태백편(泰伯篇)」에서 "배움은 따라가지 못할 듯이 하면서도 행여 때를 잃을까 두려워해야 한다"(學如不及 猶恐失之)고 하였다. 이 말을 두고 정자(程子)는 "학문을 함에 따라가지 못할 듯이 부지런히 하면서도 오히려 배운 것을 잊어버릴까 두려워해야 한다"고 해석하였다.

학생들에게 말한다. 필자는 강의 시간에 학생들에게 "핸드폰 이용한 시간만큼만 공부하라"고 말한다. 배우는 일은 부지런히 해야 한다. 또, 일을 함에 있어서는 순서와 시기가 있기 마련이다. 지금 학생들은 자신의 실력을 쌓기 위해 열심히 공부할 때이다. 이 시기를 놓치면 학생들은 반드시 후회를 할 것이다. 그렇다고 건강까지 헤쳐 가며 무리를 하라는 말은 아니다. 인생에서 무리수를 둘 생각은 하지 말고 지금부터 차근차근 단계적으로 실력을 쌓아나가면 언젠가는 그 빛을 발하는 날이 올 것이다. 공든 탑은 무너지지 않으니 너무 빨리 성과를 내려고 무리하거나 조급해하지 말기 바란다.

過猶不及	⺆ 冎 咼 過 과 지나다								
	犭 犭 犷 犹 猶 猶 유 오히려								
	一 丆 不 不 불 아니다								
	丿 乃 乃 及 급 미치다								

過去	⺆ 冎 咼 過 과 지나다								
	十 土 去 去 거 가다								

猶豫	犭 犭 犷 犹 猶 猶 유 오히려								
	乛 予 予 豫 豫 豫 예 미리								

言及	亠 言 言 언 말씀								
	丿 乃 乃 及 급 미치다								

過猶不及	
過	冂 冎 咼 過
	과 지나다
猶	犭 犭 犭丷 犹 猶 猶
	유 오히려
不	一 丆 不 不
	불 아니다
及	丿 乃 乃 及
	급 미치다

過剩	
過	冂 冎 咼 過
	과 지나다
剩	一 千 乖 乖 乘 剩
	잉 남다

執猶	
執	十 土 幸 𡙕 執 執
	집 잡다
猶	犭 犭 犭丷 犹 猶 猶
	유 오히려

波及	
波	冫 氵 氵⺁ 氵皮 波
	파 물결
及	丿 乃 乃 及
	급 미치다

巧言令色(교언영색)

말을 꾸미고 얼굴을 곱게 한다.

巧 : 교 공교롭다	技巧(기교)	計巧(계교)	精巧(정교)
言 : 언 말씀	言語(언어)	宣言(선언)	證言(증언)
令 : 령 하여금	假令(가령)	設令(설령)	守令(수령)
色 : 색 빛	氣色(기색)	灰色(회색)	特色(특색)

요즘 학생들이 하는 말 중에 재미있는 말이 있다. 그것이 바로 "허경영을 불러 봐"이다. 힘들어 그러면 허경영을 불러 봐, 일이 안 돼 그러면 허경영을 불러 봐 라는 말을 한다. 최근에는 허경영이 노래도 부르고, 춤까지 추어서 이것으로 인기 몰이를 하고 있다. 심지어 손을 잡지 않고 운전을 한다는 등의 말도 안 되는 소리를 TV에서 말하고 있다.

허경영은 얼마 전 자신의 말로 인해 감옥까지 다녀온 사람이다. 그랬던 허경영이 출소를 하자마자 사람들의 입에 오르내리고 있다. 그러면 허경영이 왜 인기가 있을까. 허경영은 말도 안 되는 말을 하는데 사람들은 그의 말에 수긍하고 있다. 이는 허경영이 그렇게끔 만들고 있는 것이다. 그리고 허경영은 항상 말을 하면서 웃고 있다. 사람들이 힘들어 지쳐 있을 때 허경영은 웃는 얼굴로 그들을 위로한다. 허경영을 불러 보라는 노래 가사처럼 말이다. 현상만 본다면 허경영은 희망이 없는 민초들에게 희망을 주는 인물로 착각할 수 있다. 아니 민초들이 허경영을 통해 웃음을 얻으려 하고 자신의 처지가 개선될 것이라는 잘못된 믿음을 가지고 있는지도 모른다. 결국 허경영은 말도 안 되는 말로 민초들을 현혹시키고 있는 것이다.

사람들은 힘들 때, 외로울 때 무엇인가에 의지하고 싶은 마음이 있다. 그런데 의지 할 곳을 찾지 못한 민초들은 자신의 처지를 이해해 주고 믿음이 가도록 행동을 하는 사람들에게 마음을 주곤 한다. 가끔 이단 종교에 빠지는 사람들이 뉴스에 나오는데 이러한 상황에서 벌어진 일이라고 볼 수 있다. 이럴 때 민초들은 이성적 판단보다는 감성적 판단에 의지하게 된다.

여기에서 우리가 주목할 것은 민초들을 현혹시키는 이들을 경계를 해야 한다. 이렇게 민초들을 현혹시키는 자들은 이전에도 있었다. 그래서 공자는

『논어(論語)』의 「학이편(學而篇)」과 「양화편(陽貨篇)」에서 "말을 꾸미고 얼굴빛을 곱게 하는 사람은 인(仁)한 사람이 적다(巧言令色鮮矣仁)"고 하며 경계시켰다. 이 말인 즉, 말을 그럴 듯하게 꾸며대거나 남의 비위를 잘 맞추는 사람, 생글생글 웃으며 남에게 잘 보이려는 사람치고 마음씨가 착하고 진실 된 사람은 적다는 뜻이다.

주자(朱子)는 이 글귀를 풀이하면서 "그 말을 아름답게 하고 그 얼굴빛을 좋게 하여 외면에 꾸미기를 지극히 해서 남을 기쁘게 하기에만 힘쓴다면 사람의 욕심이 함부로 부러져서 사람 본심(本心)의 덕이 없어진다고 하여 인(仁)한 사람이 적다"고 하였다.

그러면 민초들을 현혹시키는 이와 같은 사람과 반대되는 사람은 과연 누구일까. 공자는 『논어』「자로편(子路篇)」에서 "강하고 굳세고, 질박하고 어눌함이 인에 가깝다"(子曰剛毅木訥近仁)고 하셨다. 이 말에 대해서 양씨(楊氏)는 "강하고 굳세면 물욕(物慾)에 굽히지 않고, 질박하고 어눌하면 외물(外物)에 치달리지 않기에 인에 가깝다"고 풀이하였다.

마음씨가 굳고 말이 적은 사람이 인에 가깝다 하여 교언영색한 사람과 반대임을 공자는 말씀하셨다. 말이 적으면 일단 실수가 적고, 마음이 굳으면 행동함에 있어 신중하고 실수를 하지 않기 때문에 그 사람에게 믿음이 가기 마련이다.

학생들에게 말한다. 자신에게 잘해주는 사람에 대해서 일단 경계를 해야 한다. 예전부터 친한 사람들은 여기에서 예외이다. 학생들이 직장에 취직한 후에, 아니면 사회생활을 하면서 만난 사람들 가운데 항상 칭찬만 하고 좋은 말만 해 주는 사람은 조심해야 한다는 말이다. 이런 사람들은 입에서는 좋은 말만 하고 배 속에 칼을 가지고 있는 "구밀복검(口蜜腹劍)"과 같은 사람이다.

자신에게 충고를 아끼지 않는 사람들에게 고마워하기 바란다. 관심이 없으면 충고도 하지 않는 법이다. 옛말에 '달리는 말에게 채찍질을 한다'고 하였다. 항상 충고를 달게 여기고, 학생 자신이 행동을 하고 말을 할 때 신중하게 하기 바란다. 요즘을 '자기 PR 시대'라고 하지만, 말을 난발하는 것은 좋지 않다. 자신의 행동과 말을 아끼기 바란다.

巧言令色	丅 工 工 巧								
	교 공교롭다								
	亠 言 言								
	언 말씀								
	丿 人 今 令								
	령 하여금								
	𠂊 ⺈ 㔾 色								
	색 빛								

技巧	一 十 扌 扌 扌 技								
	기 재주								
	丅 工 工 巧								
	교 공교롭다								

言語	亠 言 言								
	언 말씀								
	言 訁 訂 語 語 語								
	어 말씀								

假令	亻 伊 伊 假 假 假								
	가 거짓								
	丿 人 今 令								
	령 하여금								

氣色	丿 𠂉 气 氣 氣 氣								
	기 기운								
	𠂊 ⺈ 㔾 色								
	색 빛								

巧言令色									
巧	丅 工 工 巧 교 공교롭다								
言	亠 亖 言 언 말씀								
令	丿 人 今 令 령 하여금								
色	⺈ 刍 刍 刍 色 색 빛								

計巧									
計	言 言 訁 計 계 세다								
巧	丅 工 工 巧 교 공교롭다								

宣言									
宣	丶 宀 宀 宣 宣 선 베풀다								
言	亠 亖 言 언 말씀								

設令									
設	亠 亖 言 訁 設 設 설 베풀다								
令	丿 人 今 令 령 하여금								

灰色									
灰	一 ナ 灰 灰 회 재								
色	⺈ 刍 刍 刍 色 색 빛								

玉石混淆(옥석혼효)

옥과 돌이 어지럽게 뒤섞여 있다.

玉 : 옥 구슬	玉璽(옥새)	玉函(옥함)	玉堂(옥당)[1]
石 : 석 돌	石炭(석탄)	礎石(초석)	石器(석기)
混 : 혼 섞이다	混血(혼혈)	混雜(혼잡)	混戰(혼전)
淆 : 효 뒤섞이다	淆亂(효란)[2]	紛淆(분효)[3]	混淆林(혼효림)[4]

2003년에 MBC 라디오 프로그램 중 「세계는 그리고 우리는」의 진행자를 개그우먼 김미화씨로 선정한 적이 있었다. 이 때 이 프로그램의 담당PD는 개그우먼이 시사프로그램을 진행하는 것에 대한 우려도 있었지만, 김미화씨라면 잘 할 수 있을 것이라 판단했다고 한다.

실제로 몇몇 사람들은 개그우먼이 시사프로그램을 진행하는 것이 우습다는 등의 야유를 보내기도 하였다. 그런데 실제 진행을 해 보니 김미화 씨가 시사와 경제에 대해 잘 몰라 아주 기초적인 것부터 전문가 패널에게 질문을 하기 시작했다. 이것이 청취자에게는 더 호응이 좋았다. 그 중에서도 여성 청취자들에게는 더 호응이 높았다. 왜냐하면 시사와 경제 용어나 개념을 잘 모르던 사람들이 방송 중 김미화씨의 기초적인 질문을 들으며 제대로 알았기 때문이다. 이에 김미화 씨가 맡은 프로그램은 김미화 씨가 맡기 전보다 청취율이 더 올라갔다고 한다. 이제 「세계는 그리고 우리는」을 듣고 있으면 김미화씨는 개그우먼이기에 앞서 시사평론가라고 할만 하다. 더 나가 딱딱한 시사프로그램에서 웃음을 유발시키는 전문 진행자가 된 것이다. 김미화씨의 숨은 능력을 제대로 본 PD의 안목이 대단하다고 볼 수 있다.

그런데 MBC는 김미화 씨를 2009년 진행자에서 몰아내려고 했고, 2011년 4월에 그만두게 했다. 몇 년간 같은 종류의 시사프로그램을 맡고 있던 손석희 성신여대 교수도 2009년 11월에 프로그램에서 하차 시켰다. 이러한 일은

---

1) 조선 시대, 삼사(三司)의 하나로 궁중의 경서(經書)와 사적(史籍)을 관리하고 왕에게 학문적 자문을 하던 관청.
2) 일 따위가 갈피를 잡을 수가 없게 뒤섞여 어지러움.
3) 서로 뒤섞임.
4) 두 가지 종류 이상의 나무로 이루어진 숲.

KBS에서 먼저 시작 되었다. 정관용, 윤도현, 김제동 씨까지 이유가 불분명한 상태로 진행하고 있던 프로그램에서 하차하였다. 대외적인 명분은 출연료가 비싸다는 이유를 들고 있지만, 영 석연치가 않다.

우리는 왜 이들이 프로그램 도중에 하차를 해야 하는지, 왜 하차를 강요받고 있는지를 어느 정도 짐작해서 알고 있다. 과연 이런 일들이 옳은 일일까. 여러 사람들 중에서 김미화 씨를 진행자로 발탁했던 PD의 안목은 이제 필요가 없는 시대일까. 이제는 진정한 전문가를 중요하게 여기지 않는 시대일까.

이와 관련한 말이 『포박자(抱朴子)』「외편 상박(外編 尙博)」에 나온다. 『포박자』는 도교 서적으로 그 저자는 동진(東晉)시대 도가 계열의 철학자인 갈홍(葛洪)이다. 「외편 상박」의 내용을 보면 "옛사람들은 재능을 얻기 어려움을 탄식하여 곤륜산(崑崙山)의 옥이 아니라고 하여 야광주(夜光珠)를 버리거나 성인의 글이 아니라고 하여 수양이 되는 말을 버리지 않았다. 그런데 한위(漢魏) 이래로는 좋은 말이 적지 않았지만 그 말을 추리고 가려낼 만한 성인이 나타나지 않았다. 그 대신 식견이 좁은 무리들이 피상적이고 편협된 아집에만 사로 잡혀서 그 깊은 뜻을 살피지 않고 단순한 글자 뜻을 해석하는 데만 급급하고 기이한 것은 가벼이 여기거나 불필요한 것이라 단정하여 생각할 가치가 없다, 뜻이 너무 넓어 사람의 생각을 어지럽힌다고 여겼다. …(중략)… 그래서 참과 거짓이 뒤바뀌고(眞爲顚倒) 옥과 돌이 뒤섞이며(玉石混淆) 아악(雅樂)도 속악(俗樂)과 같은 것으로 보고 아름다운 것도 누더기로 보니 참으로 개탄스럽기 짝이 없다." 고 기록하였다.

갈홍은 이렇듯 쉽고 편안한 것만 찾고, 무엇이 중요한 것인가를 모르는 세태를 애석해 했다. 이러한 애석함이 옛날에 있던 일만은 아니라 지금도 똑같은 실정이라고 볼 수 있다. 지금 시대는 옥과 돌이 한데 섞여 있어 누가 옥인지, 돌인지를 모르고 있다. 지금은 옥과 돌이 뒤섞였을 때 이것을 골라낼 줄 아는 사람이 필요한 시대라고 생각한다. 누가 그 일을 해야 할까.

학생들에게 말한다. 우리는 편한 것만을 찾아서는 안 되고 문제가 되는 무엇인가를 찾아내서 치료를 해주어야 한다. 그러려면 학생들은 숨어 있는 능력을 발견할 줄 아는 백락의 안목을 키워야 한다. 옥과 돌이 섞이지 않고 그들의 정체성을 드러낼 수 있도록 말이다. 김미화 씨를 발탁한 PD의 안목이 지금 시대에 절실하지 않을까 한다.

玉石混淆		
玉	一 二 干 王 玉	옥 구슬
石	一 丆 丆 石 石	석 돌
混	氵 沪 浬 浬 混	혼 섞이다
淆	氵 氵 泎 泎 淆 淆	효 뒤섞이다

玉璽		
玉	一 二 干 王 玉	옥 구슬
璽	冖 冂 爾 爾 璽 璽	새 도장

石炭		
石	一 丆 丆 石 石	석 돌
炭	' 山 山 屵 屵 炭	탄 숯

混血		
混	氵 沪 浬 浬 混	혼 섞이다
血	′ 丨 冂 皿 血	혈 피

淆亂		
淆	氵 氵 泎 泎 淆 淆	효 뒤섞이다
亂	爫 爫 爯 亂 亂	란 어지럽다

한자	획순 / 음훈
玉石混淆	一 二 干 王 玉
	옥 구슬
	一 丆 丆 石 石
	석 돌
	氵 泹 浞 涅 混
	혼 섞이다
	氵 氵 淆 淆 淆 淆
	효 뒤섞이다

한자	획순 / 음훈
玉函	一 二 干 王 玉
	옥 구슬
	一 丆 丂 承 函 函
	함 함

한자	획순 / 음훈
礎石	丆 石 石 礎 礎 礎
	초 주춧돌
	一 丆 丆 石 石
	석 돌

한자	획순 / 음훈
混雜	氵 泹 浞 涅 混
	혼 섞이다
	亠 夾 卒 雜 雜 雜
	잡 섞이다

한자	획순 / 음훈
紛淆	幺 幺 糸 糹 紛 紛
	분 어지럽다
	氵 氵 淆 淆 淆 淆
	효 뒤섞이다

覆水不返盆(복수불반분)

엎지른 물은 다시 담을 수 없다.

覆 : 복 엎어지다	顚覆(전복)	覆面(복면)	飜覆(번복)
水 : 수 물	湖水(호수)	洪水(홍수)	廢水(폐수)
不 : 불 아니다			
返 : 반 돌아오다	返納(반납)	返品(반품)	返魂(반혼)[1]
盆 : 분 동이	盆栽(분재)	盆地(분지)	盆種(분종)[2]

2009년 11월 8일『친일인명사전』출간 국민 보고대회가 김구 선생 묘역에서 있었다. 해방 이후 일제강점에서 벗어나면서 36년간 일본에 친일을 한 사람들에게 벌을 주는 반민족특위가 구성되어 활동한 지 어언 60년 만에 이룬 쾌거라 할 수 있다.

반민족특위활동도 몇몇 사람들에 의해 그 활동이 없어졌을 뿐만 아니라 특위활동을 한 사람들이 오히려 부당한 대우를 받기도 하였다. 이는 친일에 가담한 사람들이 정권을 잡고 있었기 때문이다. 이제는 일제의 강압도 없다. 그럼에도 불구하고『친일인명사전』은 그 시작부터 출간함에 있어서 문제가 많았다. 이 사전의 작업은 정부 주도하에 예산비 걱정 없이 편안히 진행되었어야 했다.

그러나 책의 출간을 민족문제연구소에서 주관하였고, 심지어 정부에서는 이 연구소에 지원하는 예산마저 없애기도 하였다. 여기에 경제 한파까지 겹쳤을 때 이 연구소에 힘을 실러 준 것이 바로 국민들이 낸 후원금이다. 여기에 힘입어『친일인명사전』은 세상에 빛을 볼 수 있었다.

이렇게 힘겹게 출간을 한 책이 또 문제를 만났다. 그것은 몇몇 인사들의 친일 행위에 대해 다시 고찰할 필요가 있다고 정정을 요구한 것이다. 이 일은 법원에서 이미 기각을 했음에도 불구하고 사전에 이름이 오른 사람들의 가족들은 다시 문제를 제기하였다. 일의 경중이 있다고는 하나 친일을 한 명백한 증거는 분명히 있다. 한 번 저지른 행위는 다시 번복될 수 없는 법이다.

---

1) 장사를 지낸 뒤에 신주(神主)를 집으로 모셔 오는 일.

2) 화초를 화분에 심음. 또는 그 화초.

이와 관련한 이야기가 『사기(史記)』「제태공세가(齊太公世家)」에 나오는데, 태공망(太公望) 여상(呂尙)의 아내에 대한 이야기이다. 주(周)나라의 문왕(文王)이 사냥을 갔다가 위수(渭水)에서 낚시하고 있는 한 노인을 만나 스승이 되어 달라고 청하였다. 이 사람이 바로 일반적으로 '강태공'이라 알려진 태공망 여상이다.

여상은 문왕의 청을 받아들여 문왕의 스승이 되었다가 후에 제(齊)나라의 제후에 봉해졌다. 믿기는 어렵지만 여상은 선팔십(先八十) 후팔십(後八十)을 산 인물이라 전해진다. 먼저 팔십 세까지는 날마다 집에서 책과 씨름하면서 세월만 보내 집안이 몹시 가난하여 끼니조차 제대로 마련하지 못할 정도였다. 이처럼 결혼 초부터 시작된 생활고를 참다못해 여상의 부인 마씨는 친정으로 도망을 갔다.

그런데 문제는 입신양명을 한 뒤 팔십 세에 생겼다. 마씨가 집을 나간 후 여상이 제나라의 제후에 봉해졌다는 소식을 듣고 다시 돌아와 여상에게 "그때는 너무 가난하여 떠났지만 이제는 그런 걱정은 없을 것 같아 다시 돌아왔습니다"라고 대답하자 여상은 잠자코 있다가 아내에게 물 한 동이를 떠오게 하더니 그 물을 땅에 쏟은 다음 바닥에 부은 물을 다시 그릇에 담아 보라고 하였다. 아내는 땅에 떨어진 물을 주어 담으려 하였으나 흙만 손에 잡힐 뿐이지 물을 그릇에 담을 수 없었다. 그제서야 태공망은 "한번 엎지른 물은 다시 그릇에 담을 수 없고(覆水不返盆) 한번 떠난 아내는 돌아올 수 없는 것이오"라고 말하였다. '복수불반분'은 원래 한번 헤어진 부부는 재결합할 수 없다는 뜻이며, 또한 어떤 일이든 한번 저지른 일은 다시 원상 복구할 수 없다는 뜻도 있다.

이미 자신이 한 일을 가지고 하지 않았다고 할 수는 없는 일이다. 그리고 친일을 하기 전에 항일과 국가 독립을 위해 일했으니 친일을 없던 것으로 할 수 있는 것도 아니다. 반대로 친일을 하고 이후에 빛난(?) 업적을 냈다고 해도 그 전에 있었던 일이 없어지는 것은 아니다.

학생들에게 말한다. 이제는 과거를 청산할 때가 되었고, 자신의 선조가 범한 과오를 담담하게 받아들일 수도 있어야 한다고 생각한다. 독립유공자 후손들은 지금도 제대로 살고 있는 가정이 많지 않고, 심지어 유해가 어디 있는지도 모르는 분들이 많다. 다시 한 번 독립유공자들에게 깊이 감사를 표하면서 어느 분들이 계셨나 알아볼 필요가 있다.

覆水不返盆		
覆	一 覀 覀 覀 覆 覆	복 엎어지다
水	亅 才 水 水	수 물
不	一 丆 不 不	불 아니다
返	一 厂 反 返 返	반 돌아오다
盆	丿 八 分 分 盆 盆	분 동이

顚覆		
顚	匕 旨 直 眞 顚 顚	전 이마
覆	一 覀 覀 覀 覆 覆	복 엎어지다

湖水		
湖	氵 汁 沽 湖 湖	호 호수
水	亅 才 水 水	수 물

返納		
返	一 厂 反 返 返	반 돌아오다
納	く 幺 糸 紅 納	납 바치다

盆栽		
盆	丿 八 分 分 盆 盆	분 동이
栽	十 土 圭 未 栽 栽	재 심다

覆水不返盆	一 覀 覀 覀 覀 覆
	복 엎어지다
	亅 刁 氺 水
	수 물
	一 ア 不 不
	불 아니다
	一 厂 反 汳 返
	반 돌아오다
	丿 八 分 分 坌 盆
	분 동이

覆面	一 覀 覀 覀 覀 覆
	복 엎어지다
	丆 丙 而 面 面
	면 얼굴

洪水	氵 汁 泄 洪 洪
	홍 큰 물
	亅 刁 氺 水
	수 물

返品	一 厂 反 汳 返
	반 돌아오다
	口 吕 品
	품 물건

盆地	丿 八 分 分 坌 盆
	분 동이
	十 土 圵 坩 地
	지 땅

傍若無人(방약무인)

곁에 아무도 없는 것처럼 여긴다.

傍 : 방 곁	傍系(방계)	傍觀(방관)	傍聽(방청)
若 : 약 같다	萬若(만약)	若干(약간)	若年(약년)[1]
無 : 무 없다	無料(무료)	無限(무한)	無窮(무궁)
人 : 인 사람	人間(인간)	詩人(시인)	人類(인류)

요즘 방송을 보면서 앞으로 어느 내용까지 방송에서 허용을 해야 하는가를 생각해 본적이 있다. 얼마 전 KBS에서 방송(2010년 5월 3일 종영)되었던 「미녀들의 수다」에서 한국 여대생이 남자들의 키에 대해서 말한 것이 큰 이슈가 된 적이 있었다. 그날 여대생들은 남성의 키가 최소한 하이힐을 신은 여성보다는 커야 한다고 하였다. 심지어 한 여대생은 남성의 키는 자존심이고 성공의 요건이라며, 키가 작은 사람은 실패자라고까지 말을 하였다. MC는 이 발언에 대해서 한 여성이 가질 수 있는 개인적인 견해라고 하였다. 그런데 이를 두고 대부분의 네티즌들은 여대생과 함께 생방송이 아닌 녹화방송에서 여대생의 말을 아무런 여과 없이 방송에 내보낸 프로그램 담당자들에게 화가 났다.

필자도 우연히 그 방송을 보았는데, 외국 미녀들에 비해 우리의 여대생들이 가지고 있는 생각이 그리 옳게 느껴지지는 않았다. 그 프로그램에 출연한 여대생들을 보며 느낀 것은 "아이고 저 철딱서니 하고는 ㅉㅉ" 이었다. 더 큰 문제는 그 여대생들이 하는 말이 왜 문제가 되는지도 모르고, 그것이 자연스런 것인 냥 얘기하는 것에 있다. 방송이라면 더 신중을 기해야 되지 않을까 생각한다.

이와 관련한 말이 『사기(史記)』「자객열전(刺客列傳)」에 나온다. 위(衛)나라 사람인 형가(荊軻)는 성격이 침착하고 생각이 깊었으며, 문학과 무예에 능했다고 한다. 그는 정치에 관심이 많아 위나라의 원군(元君)에게 국정에 대한 자신의 포부와 건의를 피력하였지만 받아들여지지 않자 자신을 알아주는 사람을 찾아 연(燕)나라 및 여러 나라를 떠돌아다니며 현인과 호걸을 사

1) 젊은 나이.

귀었다.

그 사귄 사람들 중에 비파(琵琶)의 명수인 연나라 사람 고점리(高漸離)가 있는데, 형가와 고점리는 호흡이 잘 맞아 금방 친한 사이가 되었다. 그래서 두 사람이 만나 술판을 벌이면 고점리는 비파를 켜고, 형가는 이에 맞추어 춤을 추며 고성방가도 하고 감정이 복받치면 둘이 얼싸안고 울기도 했다. 이때 다른 사람들이 이들의 모습을 보면 마치 곁에 아무도 없는 것처럼[傍若無人] 행동한다고 여겼다. 원래 '방약무인(傍若無人)'은 아무 거리낌 없는 당당한 태도를 말하였는데, 이후 그 뜻이 조금씩 변하여 다른 사람을 전혀 의식하지 않고 제멋대로 행동하는 것을 이르고 있다.

이후 형가는 여전히 다른 사람을 의식하지 않고 자신을 알아주는 사람만을 위해 충성을 다한 인물이다. 연나라의 태자 단(丹)은 진시황에게 원한을 품고 있었는데, 형가에게 진시황 암살을 부탁한다. 형가는 단의 부탁을 받아들여 진시황의 암살을 기도하였지만 실패하고 진시황에게 죽임을 당하여 형가의 삶은 비참하다고 할 수 있다. 형가는 자신이 원하는 것만을 하다가 죽었기에 만족한 삶이라 할 수 있지만, 조금만 더 주위 사람들을 생각했더라면 그의 삶은 더 나았을 것이다.

요즘 정부의 '세종시' 정책도 이와 같다고 볼 수 있다. 한 번 정해진 정책이라면 국민과의 약속을 위해서라도 그대로 시행하는 것이 옳다고 생각한다. 그런데 자신들이 추구하는 정책이 더 옳다고 하여 국민정서를 외면한 채 새로운 정책을 펼치려고 한다. 그것도 그 고장 출신의 총리를 기용해서 말이다. 지금의 위정자들에게는 국민들이 보이지 않고 자신들이 해야 할 일만 보이나 보다. 고점리와 형가가 술판을 벌이며 비파를 켜고, 춤출 때처럼 말이다.

학생들에게 말한다. 말은 한 번 내뱉으면 주워 담을 수가 없다. 글은 퇴고(推敲)를 거쳐 수정을 할 수 있지만, 말은 그것이 안 된다. 그래서 공자는『논어』「학이편」에서 "군자는 일을 민첩히 하고 말을 삼간다(君子敏於事而愼於言)"고 하여 스스로 옳다고 여기지 말고 반드시 도가 있는 사람에게 그 옳고 그름을 질정하라고 하였다. 학생들이 마음먹은 대로 편히 얘기하면 안 된다. 그리고 내 생각만이 옳다고 하여 상대방에게 내 생각을 강요하면 안 된다. 때때로 나 외의 다른 사람들의 생각이 옳을 때가 있으니 말이다. 꼭 주위에 있는 사람을 생각하면서 행동하기 바란다.

傍若無人	亻 仺 倅 倴 傍 傍 방 곁								
	艹 芏 芐 若 若 약 같다								
	丿 𠂉 𠂊 無 無 無 무 없다								
	丿 人 인 사람								

傍系	亻 仺 倅 倴 傍 傍 방 곁								
	一 玄 平 系 계 매다								

萬若	艹 芇 苜 萬 萬 萬 만 일만								
	艹 芏 芐 若 若 약 같다								

無料	丿 𠂉 𠂊 無 無 無 무 없다								
	丷 䒑 半 米 米 料 료 헤아리다								

人間	丿 人 인 사람								
	丨 𠃌 門 門 門 間 간 사이								

한자	필순	음·뜻
傍若無人	亻 仿 倅 傍 傍 傍	방 곁
	艹 艹 苎 芦 若	약 같다
	丿 𠂉 仁 無 無 無	무 없다
	丿 人	인 사람
傍觀	亻 仿 倅 傍 傍 傍	방 곁
	艹 䒑 萑 雚 觀 觀	관 보다
若干	艹 艹 苎 芦 若	약 같다
	一 二 干	간 방패
無限	丿 𠂉 仁 無 無 無	무 없다
	阝 阝 阝ヨ 阻 限 限	한 한계
詩人	言 言一 計 詀 詩 詩	시 시
	丿 人	인 사람

以柔克剛(이유극강)

부드러운 것으로써 강한 것을 이긴다.

以 : 이 써			
柔 : 유 부드럽다	柔道(유도)	柔軟(유연)	懷柔(회유)
克 : 극 이기다	克服(극복)[1]	克明(극명)	克己(극기)
剛 : 강 굳세다	剛斷(강단)	剛度(강도)	剛辯(강변)[2]

대한민국은 요즘 4대강 사업으로 인해 난리다. 대통령은 영산강에서, 국무총리는 한강에서, 장관은 금강에서 첫 삽을 뜨는 시공식에 각각 참석하였다. 4대강 사업에 대한 광고는 TV나 신문, 라디오를 통하여 효율적으로 진행되고 있다.

그러나 이 사업은 국민 중 대다수가 반대하고 있다. 또, 이 분야의 전문가들도 어느 정도 반대하고 있다. 한편에서는 시공식이, 다른 한편에서는 사업 반대 현수막이 나부끼고 있는 실정이다. 그럼에도 불구하고 위정자들은 자신의 생각에 수정을 하지 않고 있다. 4대강 사업은 그 지역을 활성화시키기 위한 방안이라고 하지만, 실제 이 곳에 살고 있는 주민들은 자신들의 터전을 빼앗긴다고 생각하고 있다. 평생을, 아니 몇 대를 영산강, 금강, 낙동강을 중심으로 생활을 해온 사람들에게 강(江)은 생명과도 같다. 그런데 이들의 생각은 무시한 채 정부는 4대강 사업을 추진하고 있다.

4대강 사업의 주 골자를 보면 보(洑)를 만든다는 것에 있다. 물은 흘러가야 하는데 가두어 두면 썩고 만다. 그럼에도 불구하고 보를 만드는 이유 중 하나가 홍수의 범람을 막고자 하는 것이란다. 우리는 매년 장마철이면 홍수로 인해 재앙을 맞는 이재민을 보게 되고, 그들을 위하여 성금을 내서 도와주기도 한다. 어찌 보면 정부가 할 일을 국민들이 나누어서 하고 있는 셈이다. 바로 이러한 홍수를 막자고 4대강 사업을 한다는 것이다.

고대 중국에서 이와 같은 홍수가 범람했을 때 치수(治水)를 한 인물 중 대표가 우(禹)임금이다. 『사기』「하본기(夏本記)」에 의하면, 순(舜)임금이 곤

1) 어렵고 힘들거나 바람직하지 않은 상태나 상황 따위를 노력으로 없애거나 좋아지게 함.
2) 변론에 능함.

(鯀)에게 어느 지방에 홍수가 났으니 처리하라고 명령을 한다. 곤이 그 지방에 가보니 흘러 내려오는 물만 막으면 홍수를 다스릴 수 있을 것이라 생각했다. 그리하여 곤은 여러 사람을 희생시켜 가며 흐르는 물을 억지로 막아 댐을 만들고는 피난한 백성들에게 안전하니 마을로 돌아오라고 말하였다. 그런데 백성들이 마을로 돌아오자 막았던 댐이 무너져 많은 사상자를 냈다.

순임금은 책임자였던 곤을 죽인 후 그 아들인 우(禹)에게 대신 홍수를 다스리라고 명한다. 우는 아버지 곤이 한 방식과는 다르게 물이 그 마을 빗겨 갈 수 있도록 물의 길을 돌려놓았다. 이는 물이 위에서 아래로 흐르는 성질을 알고 있었기에 가능했다. 이리하여 우를 얘기할 때 '물을 잘 다스렸다(治水)'고 일컫는다. 바로 우임금은 물의 성질을 이용하여 일을 처리한 것이다.

물의 성질에 대해서는 노자(老子)가 다음과 같이 말 한 적이 있다. 『노자』「미명편(微明篇)」에서는 "유약이 반드시 억세고 강한 것을 이긴다.[柔弱勝剛强]"고 하였고, 「편용편(偏用篇)」과 「임신편(任信篇)」에서는 '천하에서 가장 유약한 것이 물이지만, 물은 천하에서 가장 견고한 금석을 마음대로 부릴 수 있다'고 하였다. (중략) 약한 것이 강한 것을 이기고, 부드러운 것이 억센 것을 이긴다.[弱之勝强 柔之勝剛]"고 하였다. 여기에서 '이유극강(以柔克剛)'이 나온 것인데, 부드러운 것으로 강한 것을 이긴다는 말이다.

노자는 굳고 센 것을 꺾는 데는 물보다 더 뛰어난 것이 없다고 말하면서 유약의 대표로 물을 들었다. 약자가 강자를 이기고 부드러움이 강한 것을 이기는 사실을 모르는 사람이 없지만, 막상 이것을 실행에 옮기지 못하는 것을 노자는 안타깝게 여긴 듯하다.

학생들에게 말한다. 우임금과 같이 물의 성질을 알고, 거기에 맞도록 일을 처리해야 한다. 또 노자와 같이 말없는 교화와 하지 않고도 유익함이 있는 정책을 펼쳐야 한다. 자연은 스스로 정화작용을 하기에 알아서 자신의 기능을 회복하기에 인간이 억지로 대항(?)했다가는 큰 재앙을 맞이할 수가 있다. 모든 일은 정상적인 흐름이 있어서 백성들이 약하다고 해서 힘을 가진 위정자들이 밀어붙이기식의 정책을 펼쳐서는 안 된다. 백성은 결코 약한 존재가 아님을 명심해야 하고, 또 약한 것이 강한 것을 이긴다고 하였으니 강한 것만 고집하면 결국 부러지고 만다는 것을 명심하야 한다. 물이 흘러가는 대로 그대로 두는 것, 이것이 법(法 = 水 +去)이다. 물이 지금처럼 흘러온 대로 가도록 두는 것은 어떨까 한다.

以柔克剛	丨 ㇄ 以 以								
	이 써								
	乛 マ 予 矛 柔 柔								
	유 부드럽다								
	一 十 古 古 克								
	극 이기다								
	冂 冂 冈 岡 剛								
	강 굳세다								

柔道	乛 マ 予 矛 柔 柔								
	유 부드럽다								
	丷 䒑 首 首 道								
	도 길								

克服	一 十 古 古 克								
	극 이기다								
	丿 月 月 肌 肞 服								
	복 옷								

剛斷	冂 冂 冈 岡 剛								
	강 굳세다								
	幺 丝 㡭 𢇍 𢇍 斷								
	단 끊다								

以柔克剛									
以	丨 レ 以 以 이 써								
柔	マ 予 予 矛 柔 柔 유 부드럽다								
克	一 十 古 声 克 극 이기다								
剛	冂 冂 冈 岡 剛 강 굳세다								

柔軟									
柔	マ 予 予 矛 柔 柔 유 부드럽다								
軟	一 亘 亘 車 軟 軟 연 연하다								

克明									
克	一 十 古 声 克 극 이기다								
明	冂 日 明 明 명 밝다								

剛度									
剛	冂 冂 冈 岡 剛 강 굳세다								
度	亠 广 户 庐 度 도 법도								

姑息之計(고식지계)

당장의 편한 것만을 택하는 일시적이며 임시변통의 계책.

姑 : 고 잠시(시어머니)	姑婦(고부)	姑從(고종)	舅姑(구고)
息 : 식 쉴(아들)	消息(소식)	休息(휴식)	歎息(탄식)
之 : 지 가다			
計 : 계 계산하다	時計(시계)	計算(계산)	計座(계좌)

미국의 도시와 도로 정책을 보면 대개 100년 정도를 미리 생각한 후에 작업을 한다고 한다. 도로를 건설할 때도 마찬가지인데, 한 번 건설해 놓으면 그 상태를 오래 유지한다고 들었다.

그런데 우리의 도시와 도로 건설은 어떤가. 도시들은 말만 계획도시지 난개발로 인해 일정한 계획이 없어 보인다. 그러나 이러한 난개발이 동시에 이루어지다 보니 각 도시가 비슷한 양상을 띠고 있다. 이는 의도하지 않은 정책으로 인한 공동화(共同化) 현상이다. 우리의 도로를 한 번 보자. 도로가 거의 누더기 모양을 면치 못하고 있다. 조금만 지나면 패이고 갈라져서 다시 덧입히다 보니 일어나는 현상이다. 이러한 원인은 전체적으로 아주 튼실하게 하는 것보다는 부분적으로 고치는 것이 돈이 덜 들기 때문이다. 그러나 이제는 비용이 적게 드는 정책을 고수하는 것보다는 일정한 계획이 있어야 한다.

교육도 백년지대계(百年之大計)라고 말을 한다. 그런데 요즘 '외고'에 대한 여당의 정책을 보면 과연 몇 년을 내다보고 하는 정책인지 알 수가 없다. 여당과 정부 그리고 외고 담당자들, 여기에 학부모와 전교조 선생들의 입장이 다 다르다. 그렇다보니 작은 문제가 나오면 바로 문제를 수습하기 위해 정책을 조금씩 바꾸려고만 한다.

이러한 입장은 일명 '세종시사업'에서도 그대로 드러나고 있다. 대선 당시에는 원안 그대로, 대선 이후에는 약간의 수정을 할 수 있다, 그리고 지금은 수정 불가피를 논의하고 있다. 노무현 정권 때는 세종시를 '행정도시'로 만들려고 했는데, 이명박 정권에서는 행정도시가 아니라 '기업도시'로 만들려고 했다. 그래서 기업 총수들을 일일이 만나 회유에 나서기도 했다. 이후 전경

련 회원들과 조찬회동을 하면서 정운찬 총리가 브리핑도 했다. 그런데 재계에서는 반응이 아주 냉랭했다. 현재로서는 기업에 도움이 되는 제대로 된 정책이 없기 때문이다. 행정도시에서 기업도시로 갑자기 변환을 하다 보니 기업인들에게 호감이 가는 정책을 정부가 만들지 못한 것이다. 정부가 일정한 틀에 맞추어 정책을 수행하는 것이 아니라 상황에 따라 정책을 바꾸었기 때문에 생긴 일이다.

이러한 일들은 이전에도 있었다. 이와 관련한 고사가 『시자(尸子)』와 『예기』에 나온다. 『시자(尸子)』는 춘추시대(春秋時代) 진(晋)의 시교(尸校)가 지은 책으로, 청(淸)의 고전학자인 손성연(孫星衍, 1753~1818)이 집대성하였다. 이 책에 "은나라 주왕은 노련한 사람의 말을 버리고 부녀자나 아이의 말만 사용하였다[紂棄老之言而用故息之語]"는 구절이 나오는데, 눈앞의 손익만 보는 사람의 말을 들으면 화를 가져올 수 있다는 뜻이다.

『예기(禮記)』「단궁편(檀弓篇)」에서도 이와 관련한 얘기가 나오는데, "증자가 말하기를, 군자가 사람을 사랑할 때는 덕으로, 소인이 사람을 사랑할 때는 고식으로 한다. 내가 무엇을 선택하겠는가? 나는 올바른 것을 취하여 사악한 것을 넘어뜨리고자 할 뿐이다[曾子曰 君子之愛人也以德, 細人之愛人也以姑息. 吾何求哉? 吾得正而斃焉, 斯已矣.]"라는 구절이 있다. 군자는 덕으로 사랑하므로 오래가고 소인은 눈앞의 이익을 두고 사랑하기 때문에 오래가지 못한다는 뜻이다.

결국 '고식지계(姑息之計)'는 부녀자나 어린아이가 꾸미는 계책 또는 잠시 모면하는 일시적인 계책이라는 뜻으로, 근본 해결책이 아니라 임시방편이나 당장에 편안한 것을 취하는 꾀나 방법을 말한다.

학생들에게 말한다. 현재의 편안함과 즐거움을 위해서 미래를 포기할 수는 없다. 또 당장 나에게 필요한 것만을 하기 위해서 잘못된 수단을 사용해서도 안 된다. 우리 속담에 '언 발에 오줌누기'와 '눈 가리고 아웅하기'가 있듯이, 이것은 완전한 수단이 되지 못한다. 언 발에 오줌 눈다고 해서 언 발이 풀리는 것은 아니라 잠깐만 상태가 좋아질 뿐이지 조금 지나면 더 발이 시리기 때문이다.

姑息之計	女 女 女一 女十 姑 姑								
	고 잠시(시어머니)								
	′ 白 自 息								
	식 쉬다								
	′ ㇇ 之								
	지 가다								
	言 言 言一 計								
	계 계산하다								

姑婦	女 女 女一 女十 姑 姑								
	고 잠시(시어머니)								
	女 女⺈ 女⺕ 女⺕ 婦 婦								
	부 며느리								

消息	氵 氵′ 氵⺌ 消 消								
	소 사라지다								
	′ 白 自 息								
	식 쉬다								

時計	日 日 日十 日土 時 時								
	시 때								
	言 言 言一 計								
	계 계산하다								

姑息之計	
姑	𡿨 女 女一 女十 姑 姑
	고 잠시(시어머니)
息	′ 白 自 息
	식 쉬다
之	′ ㇇ 之
	지 가다
計	言 言 言一 計
	계 계산하다

姑從	
姑	𡿨 女 女一 女十 姑 姑
	고 잠시(시어머니)
從	彳 彳 彳从 䢖 從 從
	종 좇다

休息	
休	ノ 亻 亻一 什 休
	휴 쉬다
息	′ 白 自 息
	식 쉬다

計算	
計	言 言 言一 計
	계 계산하다
算	⺮ 笍 笪 筫 算 算
	산 세다

磨斧爲針(마부위침)

도끼를 갈아 바늘을 만든다.

磨 : 마 갈다	磨耗(마모)	磨石(마석)[1]	磨製(마제)[2]
斧 : 부 도끼	斧鉞(부월)[3]	手斧(수부)[4]	斧柯(부가)[5]
爲 : 위 하다	行爲(행위)	爲主(위주)	爲人(위인)
針 : 침 바늘	方針(방침)	指針(지침)	羅針盤(나침반)

요즘 개강을 맞아 캠퍼스가 한참 분주하다. 역시 학생들이 캠퍼스에 많이 있으니 활기차 보인다. 게다가 3월은 모든 사람들에게 궁금증과 희망을 준다. 교수에게는 요번 학기에 수강하는 학생이 누구인지, 재학생에게는 신입생이 어떤 애들일지, 학생들은 어느 교수님께 수업을 들을지 등등의 궁금증이 있다.

또 3월은 각자에게 시작을 알리는 출발점이기도 하다. 고등학교를 막 졸업한 신입생들에게는 새로운 시작의 장이 마련된 것이고, 재학생에게는 작년보다는 더 나은 발전을 위해서 노력하는 장이 될 것이다. 그리고 각자는 그렇게 되겠다고 마음을 먹으며 희망을 꿈꾼다.

자신이 마음먹은 일을 오랫동안 지속해야 한다. 학생들은 개강을 하면서 도서관을 자기 집인 냥 드나들며 공부를 하려고 한다. 그러나 여러 무리 속에는 항상 '사탄(?)'을 자청하는 사람들이 있다. 당구나 술로 친구들을 유혹한다. 이 유혹에 학생들은 새털 같이 많은 날 오늘 하루쯤은 괜찮겠지 하며 마음을 느슨하게 먹는다.

모든 일은 그 시작이 중요하다. 그리고 더 중요한 것은 마음 먹은 상태를 계속 유지하는 것에 있다. 꾸준한 노력이야 말로 누구도 이길 수 없다. 이와 관련하여 '마부위침(磨斧爲針)'이란 사자성어가 있다.

중국의 대표적인 시인인 이백(李白)이 열심히 공부를 하다가 너무 힘들어

1) 곡식을 가는 데 쓰는 도구.
2) 돌 따위를 갈아서 연장이나 기구를 만듦.
3) 살생권의 상징으로 주는 작은 도끼와 큰 도끼를 이르던 말.
4) 한 손으로 다룰 수 있을 정도의 작은 도끼.
5) 도끼에 부착되어 손으로 잡을 수 있게 만든 자루.

도중에 학문을 그만두고 집으로 돌아가고자 했다. 집으로 향하던 이백은 길에서 바늘을 만들기 위해 도끼를 갈고 있는 한 노파를 만난다. 이백은 도끼로 바늘을 만드는 그 노파의 꾸준한 노력에 크게 감명을 받아 다시 산 속으로 들어가 학문에 더 힘썼다고 한다. 그 결과 이백은 '시선(詩仙)'으로 일컬어질 정도로 시에 대해서는 대가(大家)가 되었다. 이렇듯 '마부위침(磨斧爲針)'은 "도끼를 갈아 바늘을 만든다"는 뜻으로, 아무리 이루기 힘든 일도 끊임없는 노력(努力)과 끈기 있는 인내(忍耐)로 성공(成功)하고야 만다는 의미를 담고 있다.

공자께서는『논어』「자한편」에서 "공자께서 냇가에 계시며 말씀하시기를, 가는 것이 이 물과 같구나. 밤낮을 그치지 않도다.(子在川上曰, 逝者如斯夫! 不舍晝夜.)"라고 말씀하셨다. 이 말씀은 물이 쉴새 없이 흘러가듯 공부를 함에 있어서도 간격이 없게 하라는 말이다. 꾸준한 연습을 강조한 것이라 볼 수 있다.

얼마 전 뱅쿠버 동계올림픽에서 우리 선수들이 역대보다 가장 좋은 성적을 냈다. 그런데 그 이면에는 선수들의 부단한 노력이 있었다. 여자 선수는 남자 선수들과 같이 타이어를 끄는 훈련을 하기도 했고, 빙상 종목 모든 선수들의 발모양은 찌그러지기도 하고 약간 변형이 오기도 했다. 이러한 연습의 결과가 세계 5위라는 성적을 낸 것이다.

학생들에게 말한다. 갑자기 이루어지는 공적은 없다. 처음부터 차곡차곡 이루어나갈 때 그 빛을 보게 된다. 공든 탑은 절대로 무너지지 않는다. 너무 먼 미래를 생각하지 말고 현재 내가 할 일이 무엇인가를 알고서 그것을 쉬지 않고 계속하다 보면 당신은 어느새 마음을 먹었던 자리에 있을 것이다. 그때를 생각하며 오늘도 열심히 자신을 위해 투자하기 바란다.

磨斧爲針									
磨	亠 广 庐 麻 麼 磨								
	마 갈다								
斧	ノ 八 ⺈ 父 斧 斧								
	부 도끼								
爲	⺤ 爫 爲 爲 爲								
	위 하다								
針	𠆢 今 金 金 針								
	침 바늘								

磨耗									
磨	亠 广 庐 麻 麼 磨								
	마 갈다								
耗	三 耒 耒 耗 耗								
	모 줄다								

斧鉞									
斧	ノ 八 ⺈ 父 斧 斧								
	부 도끼								
鉞	𠆢 今 金 釒 鉽 鉞								
	월 도끼								

行爲									
行	彳 彳 行 行								
	행 가다								
爲	⺤ 爫 爲 爲 爲								
	위 하다								

方針									
方	亠 亍 方								
	방 모								
針	𠆢 今 金 金 針								
	침 바늘								

磨斧爲針	
磨	亠 广 庐 麻 麼 磨
	마 갈다
斧	丿 八 ⺍ 父 斧 斧
	부 도끼
爲	爫 爫 爲 爲 爲
	위 하다
針	𠆢 今 金 金 針
	침 바늘

磨石	
磨	亠 广 庐 麻 麼 磨
	마 갈다
石	一 丆 丆 石 石
	석 돌

手斧	
手	一 二 三 手
	수 손
斧	丿 八 ⺍ 父 斧 斧
	부 도끼

爲主	
爲	爫 爫 爲 爲 爲
	위 하다
主	丶 亠 亡 丰 主
	주 주인

指針	
指	一 扌 扌 扌 指
	지 가리키다
針	𠆢 今 金 金 針
	침 바늘

斷腸之思(단장지사)

창자가 끊어지는 듯한 슬픔.

斷 : 단 끊다	判斷(판단)	診斷(진단)	決斷(결단)
腸 : 장 창자	胃腸(위장)	肝腸(간장)	換腸(환장)
之 : 지 가다			
思 : 사 생각	思考(사고)	思惟(사유)	意思(의사)

2010년 2월 부산의 한 여학생이 제 삶을 제대로 펼쳐보기 전에 세상을 떠났다. 자신의 의지가 아닌 다른 사람의 극악무도한 짓으로 인해 사랑하는 부모와 이별을 하였다. 피의자는 자신이 엄청난 죄를 짓고서도 "나와 무관한 일이다", "모른다" 등으로 일관하며 범행을 부인하였다.

그런데 이런 매몰찬 인간에게서 범행을 자백 받은 사람이 바로 두 딸을 둔 '경사'였다. 수사를 담당하고 있던 박 경사는 딸을 둔 아버지의 입장으로, 그리고 딸을 여윈 아버지의 심정을 이해하며 피의자에게 자백을 권고하였다. 이로 인해 피의자는 술이 취해 잘 모른다는 말을 하면서도 범행 사실을 자백했다고 한다.

흔히 자식을 잃으면 '부모 가슴에 묻는다'고 한다. 죽은 자식이 금방이라도 뛰어나올 듯하다고들 말한다. 부모에게 있어 이 보다 더한 고통이 어디 있겠는가.

이렇게 자식을 잃은 슬픔을 표현한 성어가 '단장지사(斷腸之思)'이다. '단장(斷腸)'은 중국『세설신어(世說新語)』「출면편(黜免篇)」에 나온다. 그 내용을 보면 다음과 같다.

> 진(晉)나라 환온(桓溫)이 촉(蜀)나라를 정벌하기 위해 여러 척의 배에 군사를 나누어 싣고 양자강을 따라 가는 도중에 삼협(三峽)을 지나게 되었다. 이 때 진나라의 한 병사가 새끼 원숭이 한 마리를 잡았는데, 그 새끼 원숭이의 어미가 새끼를 잡은 병사의 배를 좇아 백여 리를 뒤따라오며 슬피 울었다. 그러다가 배가 강어귀 좁은 곳에 이르자 그 어미 원숭이는 몸을 날려 배 위로 뛰어 올라탔다. 하지만 어미 원숭이는 새끼를 구하려는 일념으로 애

를 태우며 달려왔기 때문에 배에 오르자마자 죽고 말았다. 이에 놀라 배에 있던 병사들은 죽은 어미 원숭이의 배를 갈라 보니 창자가 토막토막 끊어져 있었다.

어미 원숭이는 새끼 원숭이를 잃은 슬픔으로 인해 창자가 끊어진 것이다. 배 안의 사람들은 모두 이 광경을 보고 놀랐으며, 이 말을 전해들은 환온은 새끼 원숭이를 풀어주고 그 새끼 원숭이를 잡았던 병사를 매질한 다음 내쳤다고 한다. 진나라 병사가 새끼 원숭이를 잡아 오지만 않았어도 어미 원숭이가 죽지는 않았을 것이고 새끼 원숭이도 어미를 잃지 않았을 것이다.

예전에 시골에서 소가 새끼를 낳으면 그 주인은 새끼를 장에 내다 팔았다. 그럴 때면 그 어미의 울음소리는 남달랐던 기억이 난다. 하물며 짐승도 이와 같을 것인데 사람은 어쩌겠는가. 피의자 김길태도 자신을 길러 준 양어머니와의 대면을 꺼렸다고 한다. 자신을 버린 부모에 대한 반항으로 어긋난 길을 간 그였지만 친어머니 대신 자신을 길러 준 양어머니 앞에서는 소중한 자식이었기 때문이다. 숨진 여학생의 부모 마음을 피의자가 조금이라도 이해를 할 수 있었다면 이러한 끔찍한 일은 일어나지 않았을 것이라 생각한다.

『예기』「예운편(禮運篇)」에 보면 "큰 도가 행해지면 (중략) 사람들이 자기 부모만을 부모로 알지 않고, 자기 자식만을 자식으로 여기지도 않는다.(大道之行也, (中略) 人不獨親其親, 不獨子其子.)"고 하였고, 『맹자(孟子)』「이루장구상(離婁章句上)」에는 "사람마다 각기 그 어버이를 친히 하고 그 어른을 어른으로 섬기면 천하가 평해질 것이다.(人人親其親長其長而天下平)" 라고 하였다.

남의 부모를 내 부모처럼 여기고, 남의 형을 내 형처럼 여기면 내 부모와 형이 다른 사람에게 같은 대우를 받을 것이다. 남의 딸을, 여동생을 내 딸과 여동생으로 알았다면 이런 일이 일어날 수 없었을 것이다.

학생들에게 말한다. '자기를 미루어 남을 생각하라(推己及人)'고 하였다. 자식을 잃은 부모의 마음을 우리가 어떻게 알 수 있을까마는 여학생의 죽음 앞에서 우리가 슬프고 안타까운 것보다 몇 배는 더 괴로울 것이다.

'반면교사(反面教師)'라는 말도 있듯 좋지 않은 일로 인해 사회가 혼란스럽고 당황스럽지만, 이 일을 계기로 정부에서는 성폭행범에 대한 대책을 잘 마련하고 자식들은 부모님의 마음을 잘 헤아려 드렸으면 한다.

斷腸之思	
	𢆶 𢆶 𢇍 㡭 㡭 斷
	단 끊다
	丿 月 肙 腸 腸
	장 창자
	' ㇇ 之
	지 가다
	冂 罒 田 用 思 思
	사 생각

判斷	
	丷 䒑 半 判 判
	판 판단하다
	𢆶 𢆶 𢇍 㡭 㡭 斷
	단 끊다

胃腸	
	冂 罒 田 甲 胃 胃
	위 밥통
	丿 月 肙 腸 腸
	장 창자

思考	
	冂 罒 田 用 思 思
	사 생각
	十 土 耂 考 考
	고 생각하다

斷腸之思	필순	음·뜻
斷	𢆶 𢆶 𢇁 𢇍 𢇍 斷	단 끊다
腸	刀 月 肸 腸 腸	장 창자
之	' ㇇ 之	지 가다
思	冂 罒 田 冊 思 思	사 생각

診斷	필순	음·뜻
診	言 言 言 訡 診	진 보다
斷	𢆶 𢆶 𢇁 𢇍 𢇍 斷	단 끊다

肝腸	필순	음·뜻
肝	刀 月 肝 肝	간 간
腸	刀 月 肸 腸 腸	장 창자

思惟	필순	음·뜻
思	冂 罒 田 冊 思 思	사 생각
惟	丨 忄 忄 忙 惟 惟	유 생각하다

十匙一飯(십시일반)

열 사람이 한 술씩 보태면 한 사람 먹을 양식이 된다.

十 : 십 열	數十(수십)	十常(십상)	十餘(십여)[1]
匙 : 시 숟가락	揷匙(삽시)[2]	匙楪(시접)[3]	匙箸(시저)
一 : 일 한	統一(통일)	第一(제일)	一般(일반)
飯 : 반 밥	飯饌(반찬)	飯酒(반주)	茶飯事(다반사)

2009년 어느 신문에서 소설가 성석제의 글을 본 적이 있다. '제2회 한미 자랑스런 의사상'과 관련된 글이다. 자랑스런 의사에게 시상을 하는 것인데, 공동 수상자 중에 한 명이 신부였다. 약간 검은 얼굴에 마른 체구로 시상식 단상에 서서 좌중들에게 세 가지의 난센스퀴즈를 내 분위기를 휘어잡았다고 한다. 성석제는 이 글의 제목을 "웃다가 울게 만든 이야기"라 하였다.

이 분이 바로 이태석(1962-2010) 신부이다. 2009년 12월에 상을 받고, 2010년 1월 14일에 선종하였다. 대장암이 간까지 퍼져 수술을 받지 못하는 상태였다고 한다. 그러면 이 분이 왜 자랑스런 의사상을 받았을까. 이 신부는 사제와 수녀가 된 형과 누나들을 안타까워하시는 어머님의 소원을 들어 드리기 위해 의대에 입학해 의사면허를 딴 후에 자신이 원하는 신학대학에 가서 사제가 되었다고 한다.

이 분의 인생을 바꾸어 놓은 계기가 바로 2001년 아프리카 남수단에 있는 톤즈(Tonj)로의 파견이었다. 수단은 23년째 내전 중인데, 이곳에서 이태석 신부는 폐허가 된 학교 건물을 다시 쌓아 학생들을 가르치고, 브라스밴드를 만들어 음악을 통해 전쟁과 가난으로 상처받은 어린이들을 치유해주었다. 이 신부는 수단에서 사제의 역할보다는 의사로서 활동을 많이 했다고 한다. 내전 중인 나라에서 진료소를 운영하며 100여 명의 환자들과 결핵, 나병 등 장기 입원 환자를 돌보고, 지속적인 예방접종 사업과 일주일에 한 번씩 여러 오지 마을을 찾아다니며 이동 진료를 하였다.

이태석 신부는 수상 소감으로 전기와 수도가 없는 궁벽한 시골에서 봉사

---

1) 단위를 나타내는 말 앞에 쓰여, 그 수량이 열이 조금 넘음을 나타내는 말.
2) 제사 때에 숟가락 팬 곳을 동쪽으로 하고 숟가락을 메에 꽂음.
3) 제사를 지낼 때에 수저를 담아 놓는, 대접과 비슷하게 생긴 놋그릇.

한 이야기를 하는 중에 홍역으로 죽어가는 많은 어린이들을 위하여 태양열 냉장고에 백신을 보관 저장하여 접종을 하니 그 이후로는 사망자가 한 명도 발생하지 않았다고 말하였다. 평소 이 신부는 톤즈에서는 월 5,000원이면 한 아이의 교육비와 학용품비, 간식비까지 해결되고 연간 교육비는 35,000원(초 · 중학생)~50,000원(고등학생) 정도면 충분하다고 하였다. 우리가 가진 것의 1%만 나눌 수 있다면, 남수단의 어린이들이 배고픔을 잊고 미래를 꿈꿀 수 있는 교육의 기회를 얻을 수 있다고 호소하였다고 한다.

우리 사자성어 중에도 이 신부가 한 말과 통하는 것이 있는데 바로 '십시일반(十匙一飯)'이다. "열 사람이 한 술씩 보태면 한 사람 먹을 양식이 된다는 뜻으로, 여러 사람이 힘을 모으면 한 사람을 돕기는 쉽다는 말"이다. 필자도 학교 다닐 때 친구 중 한 명이 도시락을 가져오지 않으면 친구들이 한 숟가락씩 밥을 나누어주며 함께 먹은 적이 있다. 내가 준 것은 작지만 그 작은 것이 모이면 한 학생이 배를 곯지 않는다는 것을 알았다.

이태석 신부도 처음부터 위대한 일을 할 것이라고 생각하지 않았을 것이다. 지금의 이 신부가 있기까지 많은 계기가 있었다. "가장 보잘것없는 형제 한 사람에게 해 준 것이 곧 나에게 해 준 것이다."라는 마태복음 25장 40절의 예수님 말씀과, 자신이 가지고 있던 기득권을 포기하고 아프리카 원주민들이 사는 마을로 들어가 의사로서 평생을 바친 슈바이처도 이태석 신부에게는 삶의 자양분이었을 것이다.

그리고 어릴 적 집 근처에 있었던 '소년의 집'에서 가난한 고아들을 보살피고 몸과 마음을 씻겨주던 알로이시오 신부와 마리아 수녀의 헌신적인 삶의 모습, 일찍이 홀로 되어 10남매의 교육과 뒷바라지를 위해 평생을 희생하신 어머니의 삶이 사제 활동과 의료 봉사를 하는 이태석 신부에게 힘이 되었을 것이라고 생각한다.

학생들에게 말한다. 이태석 신부가 수단에서, 우리에게 보여준 것은 나눔의 실천이었다. 요즘 우리 정치에서 가장 큰 문제로 부각된 것이 초 · 중등학교 무료급식이다. 한쪽에서는 '포퓰리즘'이라 하고, 다른 한쪽에서는 농어촌 빈민에게 실시하자고 하고, 또 다른 한쪽에서는 전면 실시를 외치고 있다. 과연 이것이 어렵고 힘든 일일까. 이태석 신부의 활동에서 보듯이 사람의 열정이 있고, 작은 도움이 모이면 큰 일을 이룰 수 있다. 한 사람의 밥 한 숟가락이 여러 사람을 살릴 수 있다는 것을 잊지 말았으면 좋겠다.

한자	필순	음 뜻
十匙一飯	一 十	십 열
	日 旱 是 是 匙	시 숟가락
	一	일 하나
	𠆢 今 今 食 食 飯	반 밥
數十	口 日 昌 書 婁 數	수 세다
	一 十	십 열
插匙	扌 扩 扞 捶 插 插	삽 꽂다
	日 旱 是 是 匙	시 숟가락
統一	幺 糸 糸 紅 紸 統	통 거느리다
	一	일 하나
飯饌	𠆢 今 今 食 食 飯	반 밥
	今 食 食 飠 饌 饌	찬 반찬

十匙一飯		
	一 十	
	십 열	
	日 旦 是 是 匙	
	시 숟가락	
	一	
	일 하나	
	𠆢 今 今 食 食 飯	
	반 밥	

十常		
	一 十	
	십 열	
	尚 尚 常 常	
	상 항상	

匙棲		
	日 旦 是 是 匙	
	시 숟가락	
	木 杧 棭 棭 棲 棲	
	접 마루	

第一		
	𥫗 竺 笃 笃 第 第	
	제 차례	
	一	
	일 하나	

飯酒		
	𠆢 今 今 食 食 飯	
	반 밥	
	氵 汀 洒 酒	
	주 술	

三人成虎(삼인성호)

세 명이 시장에 호랑이가 나타났다고 하면 곧이 믿게 된다.

三 : 삼 석	三寸(삼촌)	三流(삼류)	三振(삼진)
人 : 인 사람	人物(인물)	人士(인사)	人力(인력)
成 : 성 이루다	構成(구성)	成果(성과)	成績(성적)
虎 : 호 범	虎患(호환)	猛虎(맹호)	虎皮(호피)

우리는 '인터넷 악플' 때문에 안타까운 인재를 떠나 보내야 했던 아픈 기억이 있다. 자신들의 의지가 아니라 다른 이들이 재미삼아 하는 말로 인해 아까운 사람들이 그 가족을 떠났다. 인터넷에 글을 쓰는 사람들은 자신의 일이 아니기 때문에 쉽게 생각하고 글을 쓰기 마련이다. 그런데 그 글을 보는 사람은 엄청난 충격을 받는다. 그것도 한 번, 두 번이 아닌 수십 또는 수백의 같은 이야기를 들으면 자신이 진짜 그런가 하는 의구심이 들고 그렇게 믿을 수도 있다. 이러한 아픔이 사람들을 죽음으로 내몰았다. 아주 잔인한 일이 아닐 수 없다.

공자 제자 중에 증삼(曾參)이 있다. 우리가 흔히 증자(曾子)라고 부르는 이다. 이 분은 공자 제자 중 효로 유명한 사람인데, 동네 사람 중 증자와 같은 이름의 사람이 살인(殺人)을 했다고 한다. 그래서 사람들은 증자 즉 증삼이 사람을 죽인 줄 알고, 동네 사람 중 한 사람이 증자 어머니께 "삼이가 사람을 죽였대"하자, 증자의 어머니는 동네 사람이 한 말을 듣고도 가만히 베를 짰다고 한다. 두 번째 사람이 "삼이가 사람을 죽였대"하자 그 어머니는 여전히 베를 짰다고 한다. 그런데 세 번째 사람이 "삼이가 사람을 죽였대"하자 그 어머니는 자식에 대한 믿음도 버린 채 베를 짜던 북을 던지고 도망을 갔다고 한다. 이를 일러 '증삼살인(曾參殺人)'이라 하는데, 증자의 어머니처럼 심지가 굳은 사람도 같은 거짓말을 여러 번 듣게 되면 곧이 믿는다는 말이다.

이와 관련한 사자성어 중에 '삼인성호(三人成虎)'가 있다. 이 말은 세 명이 짜고 시장에 호랑이가 나타났다고 하면 곧이 믿게 된다는 것으로, 거짓말이라도 여러 사람이 똑같이 하면 믿게 된다는 말이다. 그러면 이 말의 유래에 대해서 먼저 알아보기로 한다. 이 사자성어는 『전국책(戰國策)』의 「위책 혜왕(魏策 惠王)」에 나오는 말로, 춘추전국시대 위(魏)나라 혜왕 때 일어난 일이다. 위나라는 외교 관례상 태자와 그의 수행원을 조(趙)나라에 인질로 보내야만 했다. 태자의 수행원으로 신하 중 방총(龐蔥)이 선발되었는데, 방총은 조나라의 도읍 한단(邯鄲)으로 떠나기 전에 왕을 알현하고 왕에게 다음과 같은 말을 아뢴다.

> 방총은 왕에게 "시장에 호랑이가 나타났다고 첫 번째는 한 사람이, 두 번째는 두 사람이 연이어 말한다면 어떻게 하시겠습니까" 라고 여쭈었다. 방총의 말에 왕은 "믿지 않을 것이다"라고 하였지만, "세 번째로 세 사람이 와서 똑같은 말을 하면 믿을 것이다"라고 대답하였다. 그러자 방총이 "시장에는 분명히 호랑이가 없으나 세 사람이 연이어 똑같은 말을 하면 호랑이가 나타난다[夫市之無虎明矣 然而三人言而成虎]."는 얘기를 왕에게 아뢰었다.

이와 같은 말을 방총이 혜왕에게 아뢴 것은 자신이 조나라로 떠난 이후 자신을 비방하는 자가 한둘이 아닐 것이니 그들의 말을 귀담아 듣지 말라고 왕에게 신신 당부하기 위해서이다. 왕은 방총에게 어떤 중상이든지 결코 믿지 않을 것이니 걱정하지 말라고 자신 있게 대답하였다. 그러나 방총이 조나라로 떠나자마자 방총을 비방하는 사람들의 목소리가 높았다. 결국 몇 년 후 인질로 간 태자는 풀려났지만, 왕의 의심을 받은 방총은 귀국하지 못했다. 방총은 이런 사태를 예견하고 왕에게 간언했던 것인데, 그 간언은 아무런 효용이 없었다.

학생들에게 말한다. 증삼의 어머니가, 위나라 혜왕이 믿음이 없어서 그와 같은 행동을 한 것이 아니다. 누구보다도 증삼과 방총을 믿었던 사람이지만, 현재 눈 앞에 없고 그에 대해 여러 사람이 한결같은 말을 하면 누구도 믿지 않을 수 없다. 그래서 언론이 중요한 것이다. 한 사람의 의지로 인해 언론이 제 목소리를 내지 못한다면 우리는 증삼의 어머니와 위나라 혜왕이 될 수밖에 없다. 필자는 세상을 참된 눈으로 지켜보고 진실만을 주장할 수 있는 대학생이 되었으면 좋겠다. 학생이 올바르게 서야 사회가 정의로워질 수 있다는 것을 믿고 실천했으면 한다.

三人成虎	一 二 三								
	삼 석								
	丿 人								
	인 사람								
	丿 厂 斤 斥 成 成								
	성 이루다								
	卜 卢 广 虍 虎 虎								
	호 범								
三寸	一 二 三								
	삼 석								
	一 寸 寸								
	촌 마디								
人物	丿 人								
	인 사람								
	丿 𠂉 牛 牜 牞 物								
	물 만물								
構成	十 木 杆 桿 構 構								
	구 얽다								
	丿 厂 斤 斥 成 成								
	성 이루다								
虎患	卜 卢 广 虍 虎 虎								
	호 범								
	冖 吕 串 患 患								
	환 근심								

三人成虎	一 二 三								
	삼 석								
	丿 人								
	인 사람								
	丿 厂 厅 成 成 成								
	성 이루다								
	卜 卢 广 虍 虎 虎								
	호 범								

三流	一 二 三								
	삼 석								
	氵 浐 浐 浐 济 流								
	류 흐르다								

人士	丿 人								
	인 사람								
	一 十 士								
	사 선비								

成果	丿 厂 厅 成 成 成								
	성 이루다								
	曰 甲 果 果								
	과 열매								

猛虎	丿 犭 犭 犭 猛 猛								
	맹 사납다								
	卜 卢 广 虍 虎 虎								
	호 범								

灑掃應對(쇄소응대)

물을 뿌려 쓸고 응대한다.

灑 : 쇄 뿌리다	灑落(쇄락)	瀟灑(소쇄)[1]	汛灑(신쇄)[2]
掃 : 소 쓸다	淸掃(청소)	掃蕩(소탕)	掃除(소제)
應 : 응 응하다	應答(응답)	應援(응원)	呼應(호응)
對 : 대 다하다	對象(대상)	對話(대화)	對策(대책)

4월이면 학생들이 조금씩 공부에 열을 올리기 시작한다. 왜냐하면 곧 중간고사가 시작되기 때문이다. 그러다 보니 학생들이 학교에 오래 있고, 들고 다니는 것도 많아졌다. 여기에는 복사물부터 시작하여 물통, 과자 봉지 등등이다.

중간고사를 이유로 반강제의 공부를 하고 있지만, 학생이 공부한다는 것은 무척 다행스러운 일이 아닐 수 없다. 그런데 문제가 되는 것은 학생들이 가지고 다니던 것들을 쓰레기통에 버리지 않고 그냥 강의실에 놓고 나간다는 것에 있다.

필자는 '대단위강의'를 하기에 대형 강의실에서 주로 강의를 한다. 전 시간 학생들이 나가고 필자의 강의를 듣는 학생들이 들어와 자리에 앉을 때를 보면 전 시간 학생들이 버리고 간 쓰레기가 한 가득이다. 필자는 가끔 학생들에게 이런 말을 한다. '나는 롯데자이언트 팬들을 좋아합니다'라고. 왜냐하면 롯데 팬들은 롯데 로고가 적힌 봉지를 하나씩 가지고 와서 이것을 머리에 쓰고 응원을 한 후에 자신들이 가지고 온 쓰레기를 그 봉지에 담아서 쓰레기통에 버리기 때문이다.

비록 청소를 담당하는 미화원이 있을지라도 자신들이 가지고 왔던 물건이나 쓰레기를 자신이 직접 정리하는 모습이 보기 좋다. 이러한 양상은 화장실에서도 그대로 볼 수 있다. 만약 그 화장실이 자기 집의 것이라면 그렇게 지저분하게 사용하지는 않았을 것이다. 이것은 최고 과정을 다니며 배우는 학생들이 하는 행동이라고 볼 수가 없다. 많은 지식을 배우기 전에 기본 자질

1) 가지고 있는 기운이 맑고 깨끗함.
2) 물을 뿌림.

을 충실히 해야 한다. 이와 관련한 고사성어가 바로 '쇄소응대(灑掃應對)'로, 뜻은 '물을 뿌려 쓸고 응대한다'이다. 여기서 그 뜻의 외연을 좀 더 넓히면 '집 안팎을 깨끗이 청소하고 웃어른의 부름이나 물음에 응하여 상대한다'가 되겠다.

'쇄소응대'는 「소학서제(小學書題)」에 나온다. 『소학』은 송나라 때 대학자인 주희(朱熹, 朱子 1130~1200)가 8세 내외의 아동들에게 유학을 가르치기 위하여 편찬한 수신서(修身書)이다. 『소학』은 조선시대에서 천자문과 동몽선습을 배우고 난 후에 읽었던 책이니 학문을 하는 사람에게 아주 기본이 되는 책이자 생활지침서이기도 하다.

『소학』의 편찬 취지를 쓴 「소학서제」에 보면 "옛날 소학(小學)에서는 사람들에게 물 뿌려 청소하는 일, 남의 말에 응대하는 일, 몸가짐의 절도와 어버이를 사랑하고 어른을 공경하며, 스승을 존중하고 벗과 친하는 도리를 가르쳤다. 이것은 모두 자기 한 몸을 닦고(修身), 집안을 잘 이끌며(齊家), 나라를 다스려서(治國), 세상을 화평하게 하는(平天下) 일의 근본이 되는 것(古者小學, 敎人以灑掃應對進退之節, 愛親敬長隆師親右之道. 皆所以爲修身齊家治國平天下本이라)"이라고 하였다.

이 말은 가장 기본이 되는 것이 무엇인가를 가르쳐 주고 있다. '평천하'하기 위해 먼저 해야 할 것이 바로 '수신'이다. 그런데 자신의 한 몸을 닦는 것보다 먼저 해야 할 일이 있다고 주자는 말하고 있는데, 그것이 바로 물 뿌려 청소하고 남의 말에 응대하는 것이라고 하였다. 자기가 살고 있는 집을 깨끗하게 청소를 해야 하고, "부모님이 부르시면 머뭇거림이 없이 예하고는 나아가야 하는 것(父命召 唯而不諾)"이다. 그리고 그 응대함이 부모에서 일반 어르신으로 대상이 확대되어도 부모에게 하듯이 똑 같이 공경해야 한다는 의미이다.

학생들에게 말한다. 기본이 되지 않은 사람에게 공부란 아무 소용이 없다. 이제 우리도 기본에 충실해져야 한다. 지식 하나 더 배우고 아는 것도 중요하지만 먼저 사람으로서의 도리를 다해야 한다. 우리가 사용하고 있는 강의실에 가져온 쓰레기는 반드시 다시 가지고 나가 휴지통에 버리기, 침을 함부로 뱉지 않기, 담배를 피울 때 나이 드신 교수나 교직원이 지나가면 살짝 가리기 등등은 지금 우리가 지켜야 할 기본 도리이다. 지금까지 잘 해왔지만 이제부터라도 더욱 기본에 충실한 대학생이 되었으면 좋겠다.

灑掃應對	氵 氵 灑 灑 灑 灑
	쇄 뿌리다
	扌 扌 掃 掃 掃 掃
	소 쓸다
	亠 广 广 府 應 應
	응 응하다
	〃 业 业 對 對 對
	대 대하다

灑落	氵 氵 灑 灑 灑 灑
	쇄 뿌리다
	艹 茫 落 落
	락 떨어지다

清掃	氵 汁 浐 清 清
	청 맑다
	扌 扌 掃 掃 掃 掃
	소 쓸다

應答	亠 广 广 府 應 應
	응 응하다
	𠂉 竹 笒 答 答
	답 대답하다

對象	〃 业 业 對 對 對
	대 대하다
	⺈ 缶 免 象 象 象
	상 코끼리

灑掃應對	
灑	氵 氵 灑 灑 灑 灑
	쇄 뿌리다
掃	扌 扌 掃 掃 掃 掃
	소 쓸다
應	亠 广 府 㕓 應 應
	응 응하다
對	丷 业 對 對 對 對
	대 대하다

瀟灑	
瀟	氵 氵 瀟 瀟 瀟 瀟
	소 강이름
灑	氵 氵 灑 灑 灑 灑
	쇄 뿌리다

掃蕩	
掃	扌 扌 掃 掃 掃 掃
	소 쓸다
蕩	艹 艹 蕩 蕩 蕩 蕩
	탕 씻다

應援	
應	亠 广 府 㕓 應 應
	응 응하다
援	一 扌 援 援 援 援
	원 돕다

對話	
對	丷 业 對 對 對 對
	대 대하다
話	言 言 話 話 話
	화 말씀

董狐直筆(동호직필)

동호의 곧은 붓

董 : 동 바로잡다	骨董(골동)	監董(감동)[1]	董役(동역)[2]
狐 : 호 여우	狐擬(호의)[3]	狐狸(호리)[4]	狐仙(호선)[5]
直 : 직 곧다	直球(직구)	當直(당직)	直徑(직경)
筆 : 필 붓	隨筆(수필)	鉛筆(연필)	筆跡(필적)

2010년은 경술국치 100년, 6·25 동란 60년, 4·19 혁명 50년, 5·18 민주화운동 30년을 맞는 해이다. 나라를 왜놈에게 빼앗겼을 때 독립을 갈망했고, 같은 민족끼리 전쟁을 하면서는 민주주의를 지키기 위해 노력하였고, 부정부패로 나라가 망해갈 때는 민주시민들이 죽음으로 항거하였고, 군사독재가 극에 달했을 때도 우리 민중들은 죽음을 두려워하지 않고 정의와 진리를 지키기 위해 끝까지 싸웠다.

이제 시간이 흘러 가까이는 한 세대가 흘렀고, 길게는 1세기가 지났다. 이렇다 보니 이제 그 쓰라리고 힘들었던 시간들이 조금씩 잊혀져 가고 있는 듯하다. 얼마 전 총학생회 주최로 4·19 기념 걷기 대회를 열었다. 그리고 오늘 5·18을 맞았다. 4·19 걷기 대회를 열었음에도 불구하고 학생들은 4·19와 5·18이 어떤 날인지 제대로 알고 있지 못한 듯하다.

자유당 정권이 이승만, 이기붕 체제를 지키기 위해 부정선거를 자행했는데, 경남 마산 시민들이 이 행태를 가만두지 않고 실체를 밝히고자 시위를 하였다. 이 과정에서 중·고등학생들부터 일반 시민들까지 시위에 참여했다. 당시 경찰은 고등학생 김주열을 죽이고도 이를 무마하기 위해 시신에 돌을 묶어 마산 바다에 버렸는데, 한 달 만에 김주열의 시신이 바다 위로 떠 올랐다. 이러한 천인공노할 짓을 한 자유당 정권을 향하여 마산 시민을 비롯한 전국의 시민들이 울분이 터뜨리면서 거리로 나와 정의와 진리를 외쳤다. 이

1) 조선 시대, 국가의 토목 공사나 서적 간행 따위의 특별한 사업을 감독하고 관리하기 위하여 임명하는 임시직 벼슬을 이르던 말.
2) 토목이나 건축 따위의 큰 공사를 지도하고 단속하는 일. 또는 그 사람.
3) 여우가 의심이 많다는 뜻으로, 매사에 깊이 의심함을 이르는 말.
4) 여우와 살쾡이.
5) 중국의 민간 신앙에서, 몇천 년 동안 도를 닦아 신통력을 가졌다는 여우.

것이 4 · 19 혁명의 시작이다.

자유당 정권은 수많은 민주 시민들의 항거에 총을 겨누고 발포하기에 이르렀다. 그러나 민주시민들은 여기에 굴하지 않고 더욱 맹렬히 항거했다. 이러한 모습은 20년 뒤인 광주에서도 그대로 벌어졌다. 폭도라고, 빨갱이라고 내몰리면서, 총부리에, 칼날에 찢기면서도 마지막까지 광주시청을 지키다 죽어간 시민들은 정의를 위해 죽음을 무릅쓰기도 했다.

이처럼 우리 시민들은 잘못된 것에 대해서는 죽음을 무릅쓰고라도 잘못된 것을 고치려 했다. 이와 같은 뜻을 가진 고사성어가 있는데, '동호직필(董狐直筆)'이다. 이 성어는 "권세에 아부하거나 두려워하지 않고 원칙에 따라 사실을 사실대로 기록하는 것"을 뜻한다. 이 말은 『춘추좌씨전(春秋左氏傳)』 선공(宣公) 2년조에 나오는데, 그 내용은 다음과 같다.

> 춘추시대 진(晉)나라 영공(靈公)은 사치하고 잔인하며 방탕한 폭군이었다. 당시 판서로 있던 조돈(趙盾)이 영공에게 자주 간언을 하자, 귀찮게 여긴 영공은 오히려 자객을 보내 조돈을 죽이려 하였다. 그러나 조돈의 집에 숨어든 자객은 그의 인품에 반해버려 나무에 머리를 찧어 스스로 목숨을 끊었다고 한다. 이 일 이후 영공은 조돈을 술자리로 유인해 그를 죽이려 했는데, 병사들이 그 사실을 미리 알고 조돈을 이끌고 다른 곳으로 도망치도록 했다. 조돈이 국경을 넘으려는 순간, 영공이 도원(桃園)에서 조천(趙穿)에게 살해당했다는 말을 듣고는 다시 도읍으로 돌아왔다.
>
> 그런데 태사(太史)로 있던 동호(董狐)가 국가 공식 기록에 '조돈, 군주를 시해하다.'라고 적었다. 조돈이 이 기록을 보고 항의하자, 동호는 이렇게 말하였다.
>
> "물론 대감께서 직접 영공을 시해하지는 않았습니다. 그러나 그때 대감은 판서로서 국내에 있었고, 또 조정에 돌아와서는 범인을 처벌하려 하지도 않았습니다. 그래서 대감께서 공식적으로 시해자가 되는 것입니다."
>
> 이 말을 들은 조돈은 자기가 직무를 제대로 수행하지 못했음을 인정하고 동호가 쓴 글에 대해 더 이상 문제를 삼지 않았다고 한다.

훗날 공자께서는 『춘추(春秋)』에 이 일에 대해 다음과 같이 평하였다.

동호는 옛날의 훌륭한 사관이다. 법에 따라 굽힘이 없이 썼다. 조선자(조돈)는 옛날의 훌륭한 대부이다. 법에 따라 부끄러운 이름을 뒤집어썼다. 아깝도다. 국경을 넘었더라면 악명을 면했을텐데(孔子曰 董狐古之良史也 書法不隱 趙宣子古之良大夫也 爲法受惡 惜也 越境乃免).

조돈이 마음을 악하게 먹었으면 동호는 바로 죽임을 당했을지도 모르는 일이다. 그 사정은 동호 자신이 먼저 알고 있었을 것이다. 그러나 동호는 그 죽음에 연연해하지 않고 자신의 임무에 충실했던 사람이다. 그렇기에 조돈도 동호의 말에 수긍을 했다고 본다.

학생들에게 말한다. 세상이 혼탁해졌을 때 가장 먼저 나선 사람들은 바로 고등학생과 대학생들이었다. 학생들은 세상의 정의가 무엇인지를 대변해주는 창구였다. 기성세대들이 알면서도 하지 못했던 것을 학생들은 몸으로 보여주었다. 다시 그런 세상이 오고, 학생들이 거리에 나가는 일은 이제 없어져야 한다. 그러나 그 정신만은 학생들의 뇌리에 깊숙이 자리 잡고 있었으면 한다.

흔히 이런 말을 한다. '요즘 학생들은 안돼.'라고. 이런 말은 어느 시대에나 있었고, 앞으로도 계속 그럴 것이다. 요즘 대학생들이 인사동에서 젊은이들이 선거를 해야 한다며 '프리 허그'를 하고 있다. 아무 생각이 없어 보이는 학생들보다 제 정신을 가진 학생이 더 많다고 생각한다. 우리 학생들을, 우리의 후배들을 믿어 보고 싶다. 이들이 앞으로 정의가 통할 날을 만들어 줄 것이라 기대한다.

1960년 4월 20일에 시인 지훈 조동탁은 「늬들 마음을 우리가 안다」를 발표했다. 부제가 '어느 스승의 뉘우침에서'이다. 4·19 학생시위를 바라보는 교수, 학생들의 시위를 막고 학교로 들어가게 해야 하는 교수, 그리고 그 학생들의 심정을 누구보다도 잘 아는 교수, 그리고 자신들이 할 수 없는 울분을 토해내 학생들을 밖으로 내 몰았던 교수의 입장에서 쓴 시이다. 4·19혁명 50주년을 맞아 그 의미를 되새기며 학생들이 「늬들 마음을 우리가 안다」를 찾아 감상했으면 하면서 시 중에서 일 부부만 인용하기로 한다.

사랑하는 젊은이들아
붉은 피를 쏟으며 빛을 불러놓고

어둠 속에 먼저 간 수탉의 넋들아

늬들 마음을 우리가 안다 늬들의 공을 온 겨레가 안다.
하늘도 경건히 고개 숙일 너희 빛나는 죽음 앞에
해마다 해마다 더 많은 꽃이 피리라.

董狐直筆									
	艹 艹 苎 菫 董 董								
	동 바로잡다								
	丿 犭 犭 犷 狐 狐								
	호 여우								
	十 冇 直 直								
	직 곧다								
	⺮ 笁 竺 竺 筀 筆								
	필 붓								

骨董									
	冂 冋 冎 骨 骨								
	골 뼈								
	艹 艹 苎 菫 董 董								
	동 바로잡다								

狐擬									
	丿 犭 犭 犷 狐 狐								
	호 여우								
	扌 扩 挨 擬 擬 擬								
	의 헤아리다								

直球									
	十 冇 直 直								
	직 곧다								
	丅 王 玎 球 球								
	구 공								

隨筆									
	㇋ 阝 阝 隋 隨 隨								
	수 따르다								
	⺮ 笁 竺 竺 筀 筆								
	필 붓								

董狐直筆									
董	十 艹 苎 菁 董 董								
	동 바로잡다								
狐	ノ 犭 犭 犷 狐 狐								
	호 여우								
直	十 冇 首 直								
	직 곧다								
筆	𥫗 竺 笋 笙 筀 筆								
	필 붓								

監董									
監	丨 臣 臣' 臣' 監 監								
	감 보다								
董	十 艹 苎 菁 董 董								
	동 바로잡다								

狐狸									
狐	ノ 犭 犭 犷 狐 狐								
	호 여우								
狸	犭 犭 狎 狸 狸 狸								
	리 삵								

當直									
當	丨 ⺌ 尚 尚 常 當								
	당 당하다								
直	十 冇 首 直								
	직 곧다								

鉛筆									
鉛	𠆢 亽 金 釟 鉛								
	연 납								
筆	𥫗 竺 笋 笙 筀 筆								
	필 붓								

晩時之歎(만시지탄)

시기에 늦었음을 한탄한다.

晩 : 만 늦다	晩餐(만찬)	晩秋(만추)	晩陽(만양)[1]
時 : 시 때	暫時(잠시)	時期(시기)	時點(시점)
之 : 지 가다			
歎 : 탄 탄식하다	歎聲(탄성)	悲嘆(비탄)	驚歎(경탄)

2011년 9월 스포츠 신문 타이틀 뉴스는 일주일 상간에 타계한 장효조, 최동원 전 감독과 관련된 것이다. 특히 최동원 전 감독에 대한 뉴스가 사람의 마음을 짠하게 만들었다. 그것은 최동원 전 감독이 타계하기 얼마 전 경남고와 군산상고의 레전드 경기 때 최동원 전 감독의 모습 때문이다. 이 때 최동원 전 감독은 건강에 이상이 없다, 체중을 과도하게 빼서 그렇다고만 했다. 그런데 이 때 최동원은 병마와 싸우고 있었고, 이미 회복할 수 없는 단계로 넘어섰던 것이다. 사람들에게 자신의 아픈 모습을 드러내지 않고, 자신의 초라한 모습을 보이기 싫은 최동원의 고집 때문이다.

결국 한 시대를 풍미했던 철완의 스타는 세상을 떠났다. 그가 떠난 후 그의 스타 시절 이야기와 암 판정 이후의 뒷이야기가 세상에 회자되고 있다. 그 중에 최동원을 아는 사람들의 마음을, 아니 부산의 롯데 팬들을 울린 것은 최동원의 소원이었다. 그것은 바로 롯데의 감독을 했으면 하는 것이었다.

롯데에서 선수 생활을 했던 사람들은 아주 많다. 그런데 롯데하면 생각나는 대표적인 선수는 바로 최동원이다. 왜냐하면 최동원은 롯데가 한국시리즈 우승을 하는데 큰 역할을 했기 때문이다. 지금도 한 번의 한국시리즈에서 4승을 거둔 투수는 없다.

그런데 이것은 해태에 선동열이라는 라이벌이 있었기에 가능했다. 이 둘은 영남 · 호남, 연세대 · 고려대, 롯데 · 해태 등의 아주 각별한 라이벌이다. 또 영남 안에서는 '삼성 · 롯데'에서 김시진이라는 라이벌이 있었기 때문에 최동원은 더 빛날 수 있었다.

롯데는 그 후 한 번도 우승을 하지 못했다. 이렇듯 최동원은 롯데를 빛낸

---

1) 저녁때의 해. 또는 그 햇빛.

인물이다. 이랬던 최동원은 자기 동료들의 후생복지를 위해 싸우다가 상대 라이벌 팀인 삼성으로 트레이드 되었다. 이후 최동원은 자신의 기량을 펼치지도 못한 채 삼성에서 선수 생활을 마감했다. 은퇴 후 최동원은 한 번도 롯데에 적을 둔 적이 없었다. 그나마 다행인 것은 한화에서 코치와 2군 감독 생활을 할 수 있었다는 것이다.

그럼에도 불구하고 최동원은 롯데를 잊지 못했다. 죽어서 저승에 갈 때도 롯데 유니폼을 입고 갔다. 그리고 롯데 구단도 요즘 최동원에 대한 향수를 불러일으키고 있다. 최동원의 백넘버 11번을 영구 결번으로 하고, 2011년 9월 30일을 '최동원의 날'로 만들고, 최동원 투수상을 제정하자고도 했다. 이러한 소식을 접하면서 필자는 '좀 일찍 하지' 라는 생각을 했다.

이와 관련 있는 고사성어로 '만시지탄(晩時之歎)'이 있다. 이 말은 "때늦은 시기를 원통해하며 한탄한다"는 뜻이다. 후시지탄(後時之歎)이라고도 한다. 시기가 지나 기회를 잃고 탄식하는 것을 말한다. 정해진 시간이나 시기가 너무 늦어서 다시 돌이킬 수 없어, 기회를 놓치고 일이 지나간 뒤에 때늦은 탄식을 하면 아무 소용이 없다는 말이다. 기회를 잃고 난 뒤에 이미 시기에 뒤늦었음을 안타까워하는 탄식으로 때가 늦은 것을 한탄하는 말이다.

9월 30일은 1984년 롯데가 우승한 한국시리즈 1차전 승리의 날이다. 7차전을 승리한 날인 10월 9일에는 부산 사직 야구장에서 경기가 없기에 1승을 했던 9월 30일을 '최동원의 날'로 잡았다.

학생들에게 말한다. 후회하고 뉘우칠 때가 가장 빠른 것이라고. 내가 잘못했다고 느낀 시점이 자신의 과오를 바꿀 수 있는 시기이다. 최동원 전 감독이 "내가 롯데 감독은 한 번 해야 하는 건데..."라는 여운을 남기지 않았더라면 롯데가 지금 이렇게 나오지도 않았다.

롯데가 지금이라도 자신들의 과오를 뉘우치고 최동원을 다시 부활시키고자 하는 노력은 중요하다. 그리고 우리 프로야구도 이제 30년이라는 세월의 연륜이 생겼다. 명예의 전당도 만들고, 이 만큼 성장할 때가지 힘들였던 노선배들에게 눈을 돌려 그들의 노고에 무엇인가 보답을 해야 한다. 이러한 날이 왔을 때 그 냉대를 당하면서도 참고 견디었던 진정한 부산 갈매기 최동원은 자유롭게 사직구장을 날 수 있을 것이다. 팬들 기억 속에 영원히 존재하면서...... "부산갈매기, 부산갈매기 너는 정녕 나를 잊었나!"

晚時之歎	日 日' 的 的 晚								
	만 늦다								
	日 日 旷 昧 時 時								
	시 때								
	' 亠 之								
	지 가다								
	艹 茸 萁 歎' 歎								
	탄 탄식하다								

晚餐	日 日' 的 的 晚								
	만 늦다								
	' 歺 歺又 歺又 餐 餐								
	찬 밥								

暫時	亘 車 斬 暫 暫								
	잠 잠시								
	日 日 旷 昧 時 時								
	시 때								

歎聲	艹 茸 萁 歎' 歎								
	탄 탄식하다								
	士 吉 声 声 殸 聲								
	성 소리								

사자성어	필순 / 음·뜻
晚時之歎	日 旷 昈 晩 晚
	만 늦다
	冂 日 旪 昢 時 時
	시 때
	' ㇇ 之
	지 가다
	艹 苣 莫 歎 歎
	탄 탄식하다

단어	필순 / 음·뜻
晚秋	日 旷 昈 晩 晚
	만 늦다
	一 二 千 禾 利 秋
	추 가을

단어	필순 / 음·뜻
時期	冂 日 旪 昢 時 時
	시 때
	卄 甘 其 期 期
	기 기약하다

단어	필순 / 음·뜻
悲歎	丿 ㅋ 𠃍 非 悲
	비 슬프다
	艹 苣 莫 歎 歎
	탄 탄식하다

漸入佳境(점입가경)

경치나 문장 또는 어떤 일의 상황이 점점 갈수록 재미있게 전개된다.

漸 : 점 점차	漸次(점차)	漸進(점진)	漸層(점층)
入 : 입 들이다	導入(도입)	介入(개입)	輸入(수입)
佳 : 가 아름답다	佳約(가약)	佳節(가절)	佳興(가흥)[1]
境 : 경 지경	境遇(경우)	環境(환경)	境界(경계)

2011년 8월 일본 국회의원 3명이 울릉도를 가기 위해 한국에 입국한다고 하였다. 그런데 이 일본 국회의원의 입국을 우리나라 법무부에서 막았다. 이유는 이들의 입국에 다른 목적이 있기 때문이다. 이들이 울릉도를 거쳐 독도에 가는 이유는 한국이 법을 어기면서까지 독도를 점령하고 있다는 것을 문제 삼아 국제사법재판소에 회부하기 위해서이다. 그러면서도 일본 국회의원들은 울릉도에 오징어가 맛있어서 간다고 하였다. 참 말들은 잘한다.

그런데 일본은 지금 한국뿐만 아니라 중국과 러시아와도 국토 분쟁을 일으키고 있다. 중국과는 대만 부근의 군도를 가지고, 러시아와는 사할린 지역과 분쟁을 하고 있다. 일본은 지금 세 나라와 분쟁을 하고 있는 셈이다. 그러면 이러한 분쟁이 왜 발생했을까. 그 원인 제공자는 다름 아닌 일본이다. 일본이 2차 세계대전을 일으키지 않았더라면 이러한 분쟁은 일어나지 않았다.

한국과 중국의 국경선도 문제가 될 수 있다. 원래 한국(조선)의 국경은 '토문'을 경계로 하고 있었다. 그런데 청일전쟁 직후 조선과 중국의 경계는 토문이 '두만'으로 바뀌어 버렸다. 지금 독도가 시네마현으로 편입된 것도 바로 을사늑약과 한일합병에 의해 조작된 것이다. 그럼에도 불구하고 일본은 '다케시마의 날'을 제정해서 억지를 부리고 있다.

이렇듯 일본이 스스로 일을 저질러 놓았으면서도 사과는 하지 않고, 피해당사자에게는 점점 화를 북돋는 말과 행동만 일삼고 있다. 이와 관련한 고사성어가 『진서(晉書)』「고개지전(顧愷之傳)」에 전하는 '점입가경(漸入佳境)'이다. 그 내용을 보면 다음과 같다.

그림과 서예에 능통했던 고개지는 감자(甘蔗: 사탕수수)를 즐겨 먹었다고

---

1) 마음속으로부터 느껴지는 좋은 홍취.

한다. 그런데 늘 가느다란 줄기 부분부터 먼저 씹어 먹었다. 이를 이상하게 여긴 친구들이, "사탕수수를 먹을 때 왜 거꾸로 먹나?"고 물었더니, 고개지는, "갈수록 점점 단맛이 나기 때문[漸入佳境]이다"라고 하였다. 이때부터 '점입가경'은 경치나 문장 또는 어떤 일의 상황이 갈수록 재미있게 전개되는 것을 뜻하게 되었다. 요즘은 좋은 일만이 아니라 나쁜 일이 점점 더해질 때에도 이 고사성어를 쓴다.

일본이 독도를 자꾸 문제 삼아 국제사법재판소에 회부하려는 것은 국제사법재판소에 현재 일본인 재판관이 있고, 이곳을 거쳐 간 일본인 재판관이 많기 때문이다. 일본은 현재의 상황을 유지해도 본전이고, 국제사법재판소로 가서 이기면 요즘 학생들 말로 '대박'이 되는 셈이다.

우리는 지금 어떤 대응을 하고 있을까? 정부에서는 아무런 대응도 하지 않고 있다. 다만, 평생을 독도연구에 투신한 송병기 단국대학교 명예교수가 계실 뿐이다. 2000년에 퇴임을 하시고 난 후 파킨슨 병을 앓으시면서도『울릉도와 독도』를 출간하셨다.[1] 독도에 대한 자료는 이 책 이상의 것이 없다고 해도 과언이 아니다.

학생들에게 말한다. 우리는 고대사나 중세사에 대해서는 많이 알려 하고 또 알고도 있다. 그런데 불과 100년 전에 일어난 역사에 대해서는 알지도 알려고도 하지 않는다. 해방이 된 지 60여 년이 흘렀는데도 우리는 아직도 일제강점에 대한 청산을 하지 못하고 있다.『친일인명사전』이 발간되기는 하였지만, 앞으로 일제강점 잔재는 없애야 한다. 그리고 일본의 야욕을 바로 알고, 우리 것은 우리가 지켜야 한다.

대한민국 우편번호 처음이 서울시 중구(100, 종로구는 110)이다. 중구가 어디 인가? 일본인들이 살던 진고개이고, 서울 시청이 있는 곳이다. 일본인들이 처음 서울에 왔을 때 조선 조정에서는 비만 오면 물이 차고 질어져 짚신을 신고 걸을 수 없었던 진고개에 살라고 내주었다. 그런데 일본인들은 고리대금업을 하며 조선인들의 집을 압수해 들어갔다. 이렇게 만들어진 것이 '본정통'이다. 그리고 일본은 조선왕조의 궁궐인 창경궁을 동물원으로 만들고, 우리의 왕손들을 일본인들과 강제 결혼을 시켜 뿌리를 없애려고 했다. 그리고 조선의 국모를 시해하고 흔적을 없앤다고 화장까지 했다. 우리는 일본이 조선에 행한 만행을 잊어서는 안 된다.

---

1) 송병기 교수는 2018년 9월 영면하셨다.

漸入佳境		
漸	氵 洹 湩 漸 漸 漸	점 점차
入	丿 入	입 들이다
佳	亻 仕 佳 佳	가 아름답다
境	土 垃 堷 境	경 지경

漸次		
漸	氵 洹 湩 漸 漸 漸	점 점차
次	冫 冫 次	차 버금

導入		
導	䒑 首 首 道 導 導	도 이끌다
入	丿 入	입 들이다

佳約		
佳	亻 仕 佳 佳	가 아름답다
約	幺 糸 糹 約 約	약 맺다

境遇		
境	土 垃 堷 境	경 지경
遇	冂 冃 禺 湡 遇	우 만나다

漸入佳境		
漸	氵 洹 漸 漸 漸 漸	점 점차
入	ノ 入	입 들이다
佳	亻 仩 佳 佳	가 아름답다
境	圵 垶 境 境	경 지경

漸進		
漸	氵 洹 漸 漸 漸 漸	점 점차
進	亻 仁 仹 隹 進	진 나아가다

介入		
介	𠆢 介 介	개 끼이다
入	ノ 入	입 들이다

佳節		
佳	亻 仩 佳 佳	가 아름답다
節	⺮ 竺 笛 笛 節 節	절 마디

環境		
環	丁 王 玊 瑁 環 環	환 고리
境	圵 垶 境 境	경 지경

耕當問奴(경당문노)

농사일은 머슴에게 물어야 한다.

耕 : 경 밭갈다	農耕(농경)	耕作(경작)	耕耘機(경운기)
當 : 당 마땅하다	當初(당초)	該當(해당)	妥當(타당)
問 : 문 묻다	質問(질문)	設問(설문)	顧問(고문)
奴 : 노 종	賣國奴(매국노)	官奴(관노)	奴隷(노예)

2011년 오세훈 서울시장이 무상급식과 관련된 투표로 인해 서울시장 직책(職責)을 그만두었다. 뽑아 준 시민들의 의지와는 상관없이 스스로 그 직을 포기하였다. 뽑아 달라고 할 때는 언제고 그만둘 때는 시민들의 뜻을 물어보지도 않고 냉정히 시장 직을 버렸다. 이는 공직자로서의 본분은 아니라고 생각한다.

아무튼 오세훈 전 서울시장으로 인해 요즘 정계는 서울시장 후보로 여러 사람이 출마를 선언하고 있어 아주 분주한 모습이다. 그런데 한편에서는 아주 걱정스러운 모습이 역역하다. 왜냐하면 안철수 서울대 교수와 박원순 변호사가 서울 시장에 출마한다는 소문이 돌았기 때문이다.

그런데 문제는 이 둘이 현역 정치인이 아니라는 데 있다. 한 사람은 서울대 교수이고 한 사람은 변호사이다. 그래서인지 이 두 사람이 서울시장 후보로 나온다는 소리에 당시 한나라당 대표인 홍준표 의원은 '철수가 나오니 영희도 나오겠죠' 라며 시사 라디오 프로에서 풍자의 말을 했다. 그런데 농담삼아 얘기했던 홍 의원도 며칠 못가서 곤란한 표정을 지었다.

왜 일까. 서울 시민들이 기성 정치인보다는 안철수 교수와 박원순 변호사를 더 선호했기 때문이다. 거기에 안철수 교수는 출마하더라도 한나라당은 아니라고까지 말을 했으니 한나라당 의원들은 큰 타격을 입었다고 할 수 있다. 게다가 안철수 교수는 전국을 돌며 '청춘 콘서트'를 진행하고 있었다.

안철수 교수는 서울대 의대를 졸업하고, 단국대 의대 교수, 백신 전문가, 카이스트 교수를 거쳐 당시 서울대 교수로 재직 중이었다. 안철수 교수는 자신이 하고 싶은 일에 매진했던 사람이고, 그 분야에 전문가이다. 그리고 당시까지만 해도 정치를 하지 않았기에 깨끗한 이미지가 남아 있다.

그런데 아이러니는 여기에 있다. 서울시장으로 출마를 한다는 것은 정치를 한다는 것인데 정치를 하지 않았기에 더 관심이 있다는 것이 더 중요하다. 지금 기성 정치인들이 두려워하는 부분도 바로 여기에 있다. 공자는 정치에 대한 제자의 물음에 다음과 같이 답하였다.

『논어』「子路 제십삼」에 보면, "중궁이 계씨의 가신이 되어 정사를 묻자, 공자께서 말씀하시기를, 유사(책임자)에게 먼저 시키고 작은 허물을 용서해 주며 어진이와 유능한 이를 등용해야 한다(仲弓爲季氏宰, 問政. 子曰, "先有司, 赦小過, 擧賢才." 曰, "焉知賢才而擧之?" 曰, "擧爾所知. 爾所不知, 人其舍諸?")" 고 하였다. 공자도 정치는 책임자에게 먼저 시키라고 하였다.

이와 관련된 고사성어가 바로 '경당문노(耕當問奴)'이다. 이 말은 "농사일은 머슴에게 물어야 한다는 뜻으로 일은 항상 그 부문의 전문가와 상의하여 시행한다"는 말이다. 어떤 분야이든지 전문가는 있게 마련이다. 그런데 그 분야에 비전문가가 들어가서 일을 한다면 어떻게 될까. 지금 우리 사회가 바로 그런 판국이다. 이는 비단 정치계만의 일이 아니다. 예능계를 보자. 코미디언이 코미디는 안하고 MC만 보고 있다. 코미디와 개그는 한정된 몇 명, 그리고 신인들이 주를 이루고 있다.

필자는 과연 안철수 교수가 출마를 할 것인가가 궁금했다. 그런데 안철수 교수는 이 화두에 기가 막힌 답을 제시했다. 그것이 바로 박원순 변호사와의 단일화이다. 안철수 교수는 서울시장 투표를 얼마 안 남기고 박원순 변호사와 단일화를 하였다. 결국 안철수 자신은 출마를 포기하고 박원순 변호사의 손을 들어주었다. 기성 정치인이었다면 절대 할 수 없는 일이라 생각한다. 그래서 현직 정치인들이 안철수 교수를 두려워하고 있다. 이것이 바로 시대의 코미디이다.

학생들에게 말한다. 전문가는 전문가다워야 한다. 자신이 전문가인데, 비전문가를 두려워하고, 비전문가를 영입하려고 노력하는 것이 지금의 세태이다. 이는 지금 기성 정치인들이 방향을 다시 잡아야 한다는 증거이기도 하다. 이 시대의 정치인들이 진정으로 전문가가 되는 날이 와서 '격양가(擊壤歌)'나 '강구요(康衢謠)'를 부르는 날이 와야 한다.

耕當問奴	
耕	三 丰 耒 耒 耕
	경 밭갈다
當	丨 丷 䒑 尚 常 當
	당 마땅하다
問	丨 冂 門 門 門 問
	문 묻다
奴	𡿨 女 女 奴 奴
	노 종

農耕	
農	曲 曲 農 農 農 農
	농 농사
耕	三 丰 耒 耒 耕
	경 밭갈다

當初	
當	丨 丷 䒑 尚 常 當
	당 마땅하다
初	丿 衤 衤 初 初
	초 처음

質問	
質	厂 斤 所 斦 質 質
	질 바탕
問	丨 冂 門 門 門 問
	문 묻다

賣國奴	
賣	士 声 声 賣 賣 賣
	매 팔다
國	冂 冋 冋 國 國
	국 나라
奴	𡿨 女 女 奴 奴
	노 종

耕當問奴	三 丰 耒 耒一 耕
	경 밭갈다
	⺊ ⺌ 𫩏 尚 常 當
	당 마땅하다
	丨 𠃍 門 門 門 問
	문 묻다
	𡿨 女 女 奴 奴
	노 종

耕作	三 丰 耒 耒一 耕
	경 밭갈다
	丿 亻 亻 作 作 作
	작 짓다

該當	言 言 訁 該 該
	해 갖추다
	⺊ ⺌ 𫩏 尚 常 當
	당 마땅하다

設問	二 言 言 訁 設 設
	설 베풀다
	丨 𠃍 門 門 門 問
	문 묻다

官奴	宀 宀 宀 官 官
	관 벼슬
	𡿨 女 女 奴 奴
	노 종

良藥苦口(양약고구)

좋은 약은 입에 쓰다.

良 : 량 어질다	優良(우량)	改良(개량)	閑良(한량)
藥 : 약 약	藥局(약국)	醫藥(의약)	韓藥(한약)
苦 : 고 쓰다	苦痛(고통)	苦悶(고민)	苦惱(고뇌)
口 : 구 입	港口(항구)	窓口(창구)	浦口(포구)

2011년 12월 정봉주 전 민주당의원이 대법원에서 BBK와 관련한 말을 방송에서 한 것을 가지고 실형을 선고 받았다. 그리고 이어 서울시장 선거 때 했던 말로 인해 추가 조사를 받는다고 한다.

이 일로 같이 방송을 한 김어준은 책을 출간하여 대박을 쳤고 국민들의 흥미를 끌고 있다. 이 결과는 국민들이 정봉주와 김어준을 응원한다는 또 다른 행동으로 볼 수 있다. 정봉주 전 의원도 지금부터 시작이라고 말하고 있다. 김어준은 「딴지일보」, 「나는 꼼수다」에서 시사적인 문제를 아주 예리하게 분석하고 풍자하고 있다.

이러한 풍조는 지금에만 있었던 것은 아니다. 조선조에서도 숙종이 인현황후를 내치고 장희빈을 중전으로 맞아들였을 때 김만중은 「사씨남정기」를 지어 숙종이 지금 실정을 하고 있다는 것을 세상에 알렸다. 이로 인해 「사씨남정기」는 금서가 되기는 했지만 김만중이 다른 벌을 받지는 않았다. 다만 4색 당파가 더 강해지기는 했다.

시사 프로에서 정부 정책에 대해 쓴 소리를 하는 것은 경청할 필요가 있다. 다른 사람들이 보지 못한 것을 알 수 있기 때문이다. 그런데 유명 시사프로그램을 맡으면 당사자는 곤혹을 치른다. 이는 쓴소리가 듣기 싫어서이다. 사람이면 자기에게 쓴소리하는 사람이 싫을 것이다. 그러나 위정자는 달라야 한다. 『명심보감』에 "공자께서 말씀하시기를 모든 사람들이 좋아 하여도 반드시 살펴야 하고, 모든 사람들이 싫어하더라도 반드시 살펴야 한다(子曰 *衆好之 必察焉 衆惡之 必察焉*)"고 하였다. 위정자는 여러 사람의 말을 귀담아들을 필요가 있다. 특히 자신과 관련한 쓴소리를 관심 깊게 들어야 한다. 『사기(史記)』에 다음과 같은 이야기가 있다.

진시황이 죽은 뒤에 항우(項羽)를 물리친 유방(劉邦)은 진(秦)나라 황궁으로 입성했다. 호화로운 궁실, 산더미같이 쌓인 금은보화, 꽃과 같은 후궁들로 둘러싸인 유방은, 그 화려함에 홀려 왕궁에 그대로 머무르려 했다. 이에 용장 번쾌(樊噲)가 아직 천하(天下)가 통일되지 않았으니, 속히 이곳을 떠나 적당한 곳에 진을 치고 항우의 공격에 대비해야 한다고 간했다. 그러나 유방은 번쾌의 말을 듣지 않았다. 이번에는 장량(張良)이 나섰다. "진(秦)나라의 무도한 학정(虐政)으로 말미암아 귀공 같은 일개 서민이 오늘 왕궁에 들어앉는 기회를 얻었습니다. 귀공의 임무는 한시 바삐 남은 적을 무찌르고 천하(天下)의 인심을 안정시키는 데 있습니다. 그러기 위해서는 몸소 상복을 입고 진(秦)나라에 시달린 백성(百姓)을 조상하고 위로(慰勞)하여야 합니다. 그런데도 금은보화와 여색에 눈이 어두워 진(秦)나라 왕의 음락(淫樂)을 본받으려 하니, 포악한 군주의 표본인 하(夏)나라의 걸왕(桀王)과 다를 바가 없습니다. 본시 충언(忠言)은 귀에 거슬리나 자신을 위하는 것이며, 양약은 입에 쓰나 병에는 효력(效力)이 있습니다. 부디 번쾌의 충언(忠言)에 따르도록 하소서."라고 하였다.

이 이야기는『공자가어』중「육본편(六本篇)」과『설원(說苑)』의「정간편(正諫篇)」에 나온다. '양약고구(良藥苦口)'라는 말에 유방은 크게 뉘우치고 왕궁을 떠나 패상(覇上)에 진을 치고는 바로 뒤따라 진격(進擊)한 항우와 유명한 '홍문(鴻門)의 회(會)'를 갖는다. 이 때 번쾌와 장량의 말을 듣지 않았다면 유방은 항우에게 패배했을 것이다. 이 이야기에서 중요한 것은 유방이 장량의 말을 듣고 번쾌의 말이 옳았음을 깨달은 것에 있다. 자신이 '만인지상(萬人之上)'의 자리에 있으면 그 권력을 남용하기 마련이다. 그래서 '임금에게 잘못 간언을 하면 죽는다'는 말이 있다. 그런데 유방은 다른 폭군과 달리 빨리 자신의 과오를 뉘우쳤다. 그래서 본인의 운명을 다 할 수 있었다.

학생들에게 말한다. 친구들 사이에도 자주 곧은 말을 하면 사이가 멀어지기 쉽다. 그런데 싫은 소리를 하면 어떻겠는가. 더 싫을 것이다. 곰곰이 생각해 보자. 자기에게 말을 한다는 것은 관심의 표현이다. 나에게 관심이 있기 때문에 싫은 소리도 하고 참견도 하는 것이다. 이를 싫어하지만 말고 왜 사람들이 나에게 저런 말을 하는가를 되돌아보아야 한다.

良藥苦口	丶 彐 良 良 良 량 어질다								
	苜 藥 藥 藥 약 약								
	丨 十 十 艹 苦 苦 고 쓰다								
	丨 冂 口 구 입								

優良	亻 亻 㒃 㒃 㥶 優 우 넉넉하다								
	丶 彐 良 良 良 량 어질다								

藥局	苜 藥 藥 藥 약 약								
	彐 尸 月 局 局 국 판								

港口	氵 汫 洪 洪 洪 港 항 항구								
	丨 冂 口 구 입								

苦痛	丨 十 十 艹 苦 苦 고 쓰다								
	广 疒 疒 痌 痛 痛 통 아프다								

良藥苦口	
良	丶 ㅋ 艮 良
	량 어질다
藥	艹 蒷 藥
	약 약
苦	丨 十 卝 艹 芏 苦
	고 쓰다
口	丨 冂 口
	구 입

改良	
改	ㄱ ㅋ 己 己 改 改
	개 고치다
良	丶 ㅋ 艮 良
	량 어질다

醫藥	
醫	医 殹 醫
	의 의원
藥	艹 蒷 藥
	약 약

窓口	
窓	宀 穴 窓
	창 창
口	丨 冂 口
	구 입

苦悶	
苦	丨 十 卝 艹 芏 苦
	고 쓰다
悶	丨 門 悶
	민 번민하다

掩耳盜鐘(엄이도종)

자기가 한 잘못은 생각하지 않고 남의 비난이나 비판을 듣기 싫어서 귀를 막지만 소용이 없다.

掩 : 엄 가리다	掩護(엄호)	掩襲(엄습)	掩蔽(엄폐)
耳 : 이 귀	耳目(이목)	耳順(이순)	耳鳴(이명)
盜 : 도 훔치다	盜賊(도적)	竊盜(절도)	盜壘(도루)
鐘 : 종 쇠북	鐘路(종로)	鐘乳石(종유석)	警報鐘(경보종)[1]

2011년 한 해가 이제 막 저무려고 한다. 어느 해인들 일이 없었겠는가 마는 올 한 해는 정말로 다사다난 했다고 할 수 있다. 경제가 어려울 때 국민들이 경제인을 대통령으로 당선시킨 것에는 대한민국의 경제를 살리고자 하는 염원이 있었다. 그러나 지금 대한민국의 경제를 보면 과연 살아났는가 하는 의문이 든다. 이제 대통령은 '레임덕'으로 인해 친척과 측근들의 부정이 전면에 드러나고, 그들만을 위한 정책이 벌어지고 있는 실정이다.

나라를 위한다는 위정자들이 미국을 상대로 'FTA' 법안을 국회에서 통과시켰다. 이 제도가 전부 다 나쁘다는 것은 아니다. 다만 악의적인 조항이 있음에도 불구하고 그 조항에 대한 개선책을 찾지도 않은 채 그냥 통과시켜 버린 것이 문제이다. 나중에 다시 논의할 수 있다는 뜨뜨미지근한 말만 남기고 말이다.

요즘 한 방송국 개그 프로 중 「개그콘서트」가 있다. 여기에 한 코너인 '사마귀유치원'이 있다. 이 코너는 시사코미디를 주로 하고 있는데, 그 중 '일수꾼'은 아이들에게 얘기하듯 일반 청중들에 국회의원이 되기 위한 방법을 아주 쉽게 설명하였다. 그런데 이 말을 한 개그맨을 강용석 국회의원이 명예훼손으로 고소를 했다. 그 국회의원은 예전에 아나운서들에게 명회훼손으로 고발을 당한 적이 있었다. 자신이 당했던 명예훼손이 잘못 되었다는 것을 보여주기 개그맨을 고소한 것이다. 무슨 말이냐면, 이 개그맨을 명예훼손으로 고소했을 때 고소가 성립이 되지 않는다는 판결이 나오면 자신도 아나운서

1) 급작스러운 사고나 재해 따위가 발생한 상황이나 예상되는 상황에서 이에 대처하도록 알려 주는 종.

들에게 당한 고소가 성립 안 됨을 증명하려 한 것이다.

그럼에도 불구하고 현 정부는 국민들을 위해서 일하고 있다고 말한다. 국민들은 그렇지 않다는 것을 알고 있는데도 말이다. 그렇다 보니 국민들은 정부 정책에 대한 항의 표시로 도로에 나와 촛불시위를 벌이고 있다. 그런데 위정자들은 이에 대해 공권력을 앞세워 막으려 한다. 이는 위정자와 국민간의 소통이 원활하지 않았기 때문이다. 이와 비슷한 이야기가 중국 진(秦)나라 때의 사론서(史論書)인『여씨춘추(呂氏春秋)』「불구론(不苟論)」에 나오는데, 그 이야기는 다음과 같다.

> 진(晉)나라 명문가 범씨 집안에 대대로 내려오는 큰 종이 있었다. 그런데 범씨 집안이 몰락하여 어수선하게 되자 도둑이 들어 그 종을 훔치려 하였다. 그러나 종이 너무 무거워 옮길 수 없을 것 같아 도둑은 조각을 내어 가지고 가려고 망치로 종을 내리쳤다. 그러자 '꽝' 하는 요란한 소리가 나니까 도둑은 다른 사람들이 들을까 겁이 나서 얼른 자기 귀를 막았다고 한다.

이 이야기에 나오는 도둑은 자신이 듣지 못하면 남도 들을 수 없다고 여기었다. 바로 이 도둑은 남의 말을 듣지 않으려는 독선적이고 어리석은 사람이다. 현 정부의 위정자들이 바로 이 이야기에 나오는 도둑과 같은 일을 지금 하고 있다. 국민들은 다 아는데 정작 당사자들인 위정자들만 그 정책의 부당함을 모르고 있는 것이다. 아니 알면서도 모르는 척 하는 것일 수도 있다. 위정자들은 자신들을 신임하는 사람들만 믿고 그들을 위한 정치를 하려고 한다.

학생들에게 말한다. 여러 학생들도 이제 나이를 먹으면서 어느 위치에 오르게 된다. 그러면 자연 자신을 방어하려는 행동이 앞서기 마련이다. 그럴 때 나의 지금 행동이 올바른 것인가. 나에게 싫은 소리를 했다고 해서 그가 나쁜 사람인가 다시 생각해 보기 바란다. 남의 비판을 달게 여길 줄 아는 사람이 진정한 능력자이다.

한자	필순 / 음·뜻
掩耳盜鐘	扌 扌 扌 拚 掩 掩
	엄 가리다
	一 丅 下 巨 耳
	이 귀
	氵 汸 次 盗 盜 盜
	도 훔치다
	全 金 鈡 鐘 鐘 鐘
	종 쇠북

한자	필순 / 음·뜻
掩護	扌 扌 扌 拚 掩 掩
	엄 가리다
	訁 評 謹 護 護
	호 보호하다

한자	필순 / 음·뜻
耳目	一 丅 下 巨 耳
	이 귀
	丨 冂 月 目
	목 눈

한자	필순 / 음·뜻
盜賊	氵 次 盗 盜 盜
	도 훔치다
	冂 貝 貝 賊 賊 賊
	적 도적

한자	필순 / 음·뜻
鐘路	全 金 鈡 鐘 鐘 鐘
	종 쇠북
	口 足 足 路 路
	로 길

한자	필순	음·뜻
掩耳盜鐘	扌 扩 抡 拚 掩 掩	엄 가리다
	一 丅 F 王 耳	이 귀
	氵 氵 次 盗 盗 盜	도 훔치다
	牟 金 鉝 鐘 鐘 鐘	종 쇠북

한자	필순	음·뜻
掩襲	扌 扩 抡 拚 掩 掩	엄 가리다
	音 育 龍 龍 襲 襲	습 엄습하다

한자	필순	음·뜻
耳順	一 丅 F 王 耳	이 귀
	丿 川 川 順 順 順	순 순하다

한자	필순	음·뜻
竊盜	穴 穿 竊 竊 竊 竊	절 훔치다
	氵 次 盗 盗 盜	도 훔치다

한자	필순	음·뜻
鐘乳石	牟 金 鉝 鐘 鐘 鐘	종 쇠북
	丿 爫 孚 孚 乳	유 젖
	一 ア 不 石 石	석 돌

良禽擇木(양금택목)

현명한 새는 나무를 가려서 둥지를 친다.

良 : 량 어질다	善良(선량)	贖良(속량)	最良(최량)[1]
禽 : 금 새	禽獸(금수)	家禽(가금)[2]	飛禽(비금)
擇 : 택 가리다	採擇(채택)	揀擇(간택)	精擇(정택)[3]
木 : 목 나무	木材(목재)	接木(접목)	木蓮(목련)

2012년 1월, 한나라당의 디도스 공격, 전당대회 돈 봉투 살포 등으로 정치계가 혼란스럽다. 정치하는 사람들이 모여 있는 곳을 '당(黨)'이라고 부른다. '黨'을 보면 '尙+黑'의 합성어이다. '尙'은 높이다, 숭상하다의 뜻이고 '黑'은 검다, 나쁜 마음, 어리석다의 뜻이다. 바로 '黨'이라는 글자는 검은 것, 나쁜 것을 숭상하다 라는 뜻을 내포하고 있기도 하다. 그래서 인지 일부 나쁜 정치인들이 글자 뜻과 비슷하게 느껴진다.

이러한 사태를 보면서 더 한심하게 느껴지는 것은 바로 국민들이다. 정치인들이 하는 행태를 보면 뻔히 어떻게 정치를 할 것인지를 알면서도 자신의 지역 성향에 따라 투표를 하고 있다. 국회의원 후보자가 어떤 사람인가를 알아보고 투표를 해야 하는데, 그것이 잘 이루어지지 않고 있다. 선거가 끝나고 나면 우리나라 지도에 그려지는 정당의 색깔은 매번 똑 같다.

옛말에 "세상에 백락이 있은 연후에 천리마가 있다(世有伯樂 然後有千里馬)"라고 했다. 이 말은 주위에 아무리 천리마가 있다고 하여도 천리마를 알아보는 백락 같은 이가 있지 않으면 천리마는 아무런 소용이 없다는 말이다. 국회의원도 마찬가지이다. 국회의원이 일을 잘 하는지를 백락의 눈을 가지고 바라봐야 한다. 국회의원 후보자들은 국민에게 자신을 뽑아달라고 할 때는 무엇이든지 다 해준다고 약속한다. 그러나 그 정책이 옳은 것인지는 국민들이 잘 보고 선택해야 한다.

이와 관련한 이야기가 『춘추좌씨전』「애공(哀公) 18년조」에 나온다. 그 내용을 보면 다음과 같다. 춘추 시대, 공자가 치국(治國)의 도를 유세(遊說)하

1) 가장 좋음.
2) 집에서 기르는 날짐승.
3) 공들여 좋은 것을 잘 골라 뽑음.

기 위해 위(衛)나라에 갔을 때의 일이다. 어느 날, 공문자(孔文子)가 대숙질(大叔疾)을 전쟁에서 공격하는 일을 공자에게 상의하자 공자는 "제사 지내는 일에 대해서는 배운 일이 있습니다만, 전쟁에 대해서는 전혀 아는 것이 없습니다." 라고 대답했다.

그 자리를 물러 나온 공자는 제자에게 서둘러 수레에 말을 매라고 일렀다. 제자가 왜 그러시냐고 그 까닭을 묻자 공자는 '한시라도 빨리 위나라를 떠나야겠다'고 하며 "현명한 새는 좋은 나무를 가려서 둥지를 틀고, 어진 신하는 훌륭한 군주를 가려 섬겨야 한다(良禽擇木而棲 良臣擇主而事)."고 대답했다.

공자의 이 말을 전해들은 공문자는 황급히 객사로 달려와 "나는 결코 다른 뜻이 있어서 전쟁에 대해서 물었던 것이 아니오. 다만 위나라의 대사에 대해 물어 보고 싶었을 뿐이니 언짢게 생각 말고 좀 더 머물도록 하시오." 하며 공자의 귀국을 만류했다고 한다.

여기에서 "새가 나무를 선택해야지 어찌 나무가 새를 택할 수 있겠는가(良禽擇木 木豈能擇鳥)"라는 말이 나왔다. 공자는 위나라로 가서 왕도 정치를 실현하려 했는데, 공문자는 왕도정치보다는 다른 나라를 공격하려는 생각에 공자에게 전쟁에 대해서 물었던 것이다. 공자는 이런 공문자를 보고 왕도정치를 실현할 수 없다고 판단하여 위나라를 떠나려고 했다. 공자는 위정자의 한 마디를 듣고 그 사람을 판단한 것이고, 이 때 공자에게는 실로 백락의 안목이 있었다.

나무가 새를 선택할 수는 없지만 임금은 신하를 선택할 수 있다. 그런데 중요한 것은 공자가 공문자를 떠나려고 했던 것과 같이 신하가 어떤 임금을 선택해야 하는가가 중요하다. 앞으로의 총선에서는 국민들이 국회의원을 잘 선택해야 한다. 국민들이 제대로 된 선택을 한다면 대한민국의 정치는 한 단계 업그레이드 될 것이다. 매번 제대로 된 선택을 하지 않고 후회만 해서는 안 된다.

학생들에게 말한다. 이제는 백락의 안목을 가지고 선택을 신중히 해야 할 때이다. 그리고 젊은이들이 자신의 의무를 잘 이행할 때 정치의 혁신이 이루어진다는 것을 알아야 한다. 어진 새가 나무를 선택하듯 열심히 일할 수 있는 국회의원을 잘 선택하기 바란다.

한자	필순 / 음훈								
良禽擇木	' ヨ 自 自 良								
	량 어질다								
	𠆢 亼 侌 禽 禽 禽								
	금 새								
	扌 扌罒 擇 擇 擇 擇								
	택 가리다								
	一 十 才 木								
	목 나무								

한자	필순 / 음훈								
善良	䒑 兰 善 善 善								
	선 착하다								
	' ヨ 自 自 良								
	량 어질다								

한자	필순 / 음훈								
禽獸	𠆢 亼 侌 禽 禽 禽								
	금 새								
	吅 罒 畄 嘼 嘼 獸								
	수 짐승								

한자	필순 / 음훈								
採擇	一 扌 扌爫 採								
	채 캐다								
	扌 扌罒 擇 擇 擇 擇								
	택 가리다								

한자	필순 / 음훈								
木材	一 十 才 木								
	목 나무								
	十 木 木 村 材								
	재 재목								

良禽擇木	
良	' ⺕ 良 良 良
	량 어질다
禽	人 亼 今 禽 禽 禽
	금 새
擇	扌 擇 擇 擇 擇 擇
	택 가리다
木	一 十 才 木
	목 나무

贖良	
贖	𠂉 貝 贖 贖 贖 贖
	속 속바치다
良	' ⺕ 良 良 良
	량 어질다

家禽	
家	宀 宀 家 家 家
	가 집
禽	人 亼 今 禽 禽 禽
	금 새

諫擇	
諫	亠 言 諫 諫 諫 諫
	간 간하다
擇	扌 擇 擇 擇 擇 擇
	택 가리다

接木	
接	扌 扌 扩 接 接 接
	접 잇다
木	一 十 才 木
	목 나무

七縱七擒(칠종칠금)

일곱 번 잡았다가 일곱 번 풀어준다.

七 : 칠 일곱	七旬(칠순)	七夕(칠석)	七情(칠정)
縱 : 종 놓다	操縱(조종)	放縱(방종)	縱橫(종횡)
七 : 칠 일곱			
擒 : 금 사로잡다	囚擒(수금)	縛擒(박금)[1]	擒捉(금착)[2]

옛 말에 "머리 검은 짐승은 거두는 게 아니다" 라는 말이 있다. 이 말은 나이 어린 사람을 거두어 잘 해주면 반드시 그 보답을 하지 않고 배신을 한다는 말이다. 누구나 처음부터 자신에게 잘해주는 사람을 배신하지는 않는다. 어느 정도 시간이 흐르고 자신의 은인이었던 사람에게 서러움을 당하거나 피치 못할 일이 생겼을 때 배신을 한다.

이러한 스토리는 TV 드라마에도 자주 나온다. MBC에서 방영한「빛과 그림자(2012년 7월 3일 종영)」를 보면, 조금 전에 얘기했던 이야기가 그대로 전개된다. 바로 자신의 영달을 위해 자신을 길러 준 사람을 배신하고 자신을 더 키워 줄 수 있는 다른 사람을 찾아간다. 그러면서 예전 은인의 집안을 망하게 만들었다. 이 스토리가 드라마의 큰 줄기는 아니지만 자신의 영달을 위한 배신하는 사람의 전형을 보여주고 있다.

2012년 새해 벽두에 뉴스를 장식하는 것은 바로 '돈선거'이다. 여야는 서로 돈선거를 했다고 비방하고 있다. 심지어 같은 '당'에 있는 사람들끼리 싸우고 있다. 그러면서 자신은 당당하다는 듯이 얘기를 한다. 같은 당이지만 계파가 서로 다르다 보니 상대의 약점을 서로 캐내는 것이다. 그러나 이들은 얼마 전까지만 해도 그 당에 대표를 맡거나 중책을 맡았던 사람들이다. 그럼에도 불구하고 이들은 자신들의 영달을 위해서 지금의 기회를 서로 잡고 부정적인 이미지를 떨쳐 버리려는 것이다. 어제의 동지가 오늘의 적이 되고, 오늘의 동지가 내일의 적이 될 수 있는 상황이다.

그러면 중국 최고의 지략가인 제갈량은 사람들을 어떻게 자기 사람으로 만

1) 사람이나 짐승을 잡아서 묶음.
2) 사람이나 동물을 산 채로 붙잡음.

들었을까. 그 내용이『삼국지(三國志)』에 나온다. 그 이야기는 다음과 같다.

> 삼국시대 촉한(蜀漢)의 제1대 황제인 유비(劉備)는 제갈량에게 나랏일을 맡기고 세상을 떠났다. 제갈량은 후주(後主)인 유선(劉禪)을 보필하게 되었는데, 그때 각지에서 반란이 일어났다. 위(魏)나라를 공략하여 생전 유비의 뜻을 받들어야 했던 제갈량은 먼저 내란부터 수습해야 했다. 유선이 아직 어리고 철이 없어 군대를 동원하는 것이 무리라고 생각한 제갈량은 적진에 유언비어를 퍼뜨려 이간책을 썼다. 과연 반란군은 자중지란(自中之亂)을 일으켜 서로 살육을 일삼았다. 그 결과 마지막으로 등장한 반란군이 바로 장수 맹획이다. 맹획이 반기를 들자 제갈량은 그를 생포한다. 제갈량의 계략에 걸려들어 생포된 맹획은 분함을 이기지 못한다.
>
> 맹획을 생포한 제갈량은 오랑캐로부터 절대적 신임을 받고 있는 그를 죽이는 것만이 능사는 아니라고 판단하였다. 제갈량은 오랑캐의 마음을 사로잡고 나면 그들의 인적, 물적 자원을 바탕으로 북벌(北伐)도 한결 용이할 것이라 생각하여 맹획을 풀어주었다. 고향에 돌아온 맹획은 전열을 재정비하여 또 다시 반란을 일으켰다. 제갈량은 자신의 지략을 이용하여 맹획을 다시 사로잡았지만 또 풀어주었다. 이렇게 하기를 일곱 번, 마침내 맹획은 제갈량에게 마음속으로 복종하여 부하되기를 자청했다고 한다.

이처럼 제갈량(諸葛亮)이 맹획(孟獲)을 사로잡은 고사에서 '칠종칠금(七縱七擒)'이란 말이 나왔다. 이 말은 '마음대로 잡았다 놓아주었다 함'을 뜻하며, 오늘날 이 말은 '상대편을 마음대로 요리한다'는 뜻으로 사용하고 있다. 만약 제갈량이 맹획을 처음에 죽였다면 어찌 되었을까. 제갈량은 맹획을 자기 사람으로 만들 수 있는 확신이 있었기에 일곱 번씩이나 같은 일을 반복한 것이다.

학생들에게 말한다. 지금 당장의 이익만을 생각할 수도 있고, 지금은 손해보지만 나중의 이익을 생각할 수도 있다. 인생은 100미터 달리기가 아니고, 사람간의 관계 또한 단기간의 승부가 아니다. 사람을 한 번 만나더라도 진심을 가지고 만나야 한다. 어찌 보면 제갈량이 자신의 목적을 위해 맹획을 이용했다고 볼 수도 있다. 그러나 진정으로 사람을 복종하게 만드는 방법이 무엇인가를 잘 알아야 한다. 지금은 내가 손해를 볼 줄 모르지만 멀리를 내다보는 혜안을 가지고 살아야 한다.

七縱七擒	
七	一七
	칠 일곱
縱	幺 糸 糹 紒 紒 縱
	종 놓다
七	一七
	칠 일곱
擒	扌 扌 扴 捦 擒 擒
	금 사로잡다

七句	
七	一七
	칠 일곱
句	丿 勹 勺 句 句
	순 열흘

操縱	
操	一 扌 掃 撡 操
	조 잡다
縱	幺 糸 糹 紒 紒 縱
	종 놓다

囚擒	
囚	冂 冈 囚 囚
	수 가두다
擒	扌 扌 扴 捦 擒 擒
	금 사로잡다

한자	필순 / 음·뜻
七縱七擒	一 七
	칠 일곱
	幺 糸 糸 紒 綒 縱
	종 놓다
	一 七
	칠 일곱
	扌 扌 扵 擒 擒 擒
	금 사로잡다

한자	필순 / 음·뜻
七夕	一 七
	칠 일곱
	ノ ク 夕
	석 저녁

한자	필순 / 음·뜻
放縱	亠 亍 方 方 放
	방 놓다
	幺 糸 糸 紒 綒 縱
	종 놓다

한자	필순 / 음·뜻
縛擒	幺 糸 紵 縆 縛 縛
	박 묶다
	扌 扌 扵 擒 擒 擒
	금 사로잡다

借刀殺人(차도살인)

남의 칼을 빌려 사람을 죽인다.

借 : 차 빌리다	借款(차관)	賃借(임차)	借用(차용)
刀 : 도 칼	面刀(면도)	短刀(단도)	銀粧刀(은장도)
殺 : 살 죽이다	虐殺(학살)	殺菌(살균)	被殺(피살)
人 : 인 사람	人事(인사)	個人(개인)	人權(인권)

2012년 4월 11일에 총선이 치루어진다. 그렇다 보니 총선 후보를 정하는 공천심사로 각 당들이 난리였다. 그 중 가장 시선이 집중되는 곳은 바로 부산의 사상이다. 이 지역의 후보는 민주당의 문재인과 새누리당(현 자유한국당 전신)의 손수조이다. 부산은 대대로 새누리당이 우세한 지역이다. 그렇기에 대선 후보로까지 거론되었던 문재인 후보가 부산에 출사표를 던졌다.

문재인 후보는 경남 거제 출신으로 경남고를 졸업하였다. 그리고 부산에서 변호사로 활동하고 있으니 부산 사람이라고 해도 과언이 아니다. 손수조 후보는 부산 출생으로 이화여대 국문과를 졸업한 재원이다. 그리고 나이가 27세인 것이 더 관심을 모으고 있다. 현재까지 최연소 국회의원 당선기록은 당시 26세로 경남 거제에서 당선된 김영삼 전 대통령이다.

일반 국민들은 이 두 사람이 경합을 한다는 것에 의아함을 품기도 하였다. 어떤 사람은 "당연히 문재인 후보가 이기겠지" 라고 말하기도 하고, 어떤 사람은 "그래도 부산인데 손수조 후보가 이기겠지" 라고 말을 한다. 객관적인 잣대로만 본다면 문재인 후보가 유리하기도 하다. 그렇다고 안심할 상황은 아니다. 손수조 후보는 이기나 지나 큰 후유증은 없어 보인다.

반면 문재인 후보는 이겨도 본전이고 지면 대선 후보 이미지에 큰 타격을 받을 수 있다. 당선이 되더라도 손수조 후보와의 지지율 차이가 더 문제가 될 것이다. 손수조 후보가 조금씩 문재인 후보와의 격차를 좁혀오고 있는 실정이다.

어찌 보면 새누리당에서 문재인 후보와의 상대로 손수조 후보를 선택한 것에는 이러한 구도를 염두에 둔 것이 아닐까 생각한다. 이러한 것을 병법(兵法) 삼십육계(三十六計) 중 제3계인 '차도살인(借刀殺人)'이라고 한다. 이

성어의 뜻은 '남의 칼을 빌려 적을 제거한다'이다. 이 성어의 뜻을 자세히 보면, 나와 적대관계에 있는 상대방을 제거하는 데 내 칼을 사용하지 않고 다른 사람의 칼을 빌려서 제거하는 전술이다. 역사적으로 이러한 계책에 의하여 국가의 존망과 안위가 결정된 예는 상당히 많다. 그 한 예를 보도록 하자.

『삼국지』에 보면 조조가 예형을 죽이는 이야기가 나온다. 예형은 자주 조조를 비방하였는데, 조조는 이 예형을 죽이고 싶지만 명분이 없어 그 방도를 찾고 있었다. 그러다가 조조는 공융에게 다음과 같이 말했다.

> 예형은 소인으로 예의를 모른다. 그를 죽이는 것은 참새나 쥐를 죽이는 것보다 쉽다. 그러나 그에게는 특별한 재주가 있어서 그 이름이 널리 알려져 있으니, 그를 죽이면 틀림없이 나에게 사람을 포용하는 도량이 없다는 평판이 나돌 것이다. 형주의 유경승은 생각이 좁고 성질이 급한 자이니, 그를 이용하면 예형을 죽일 수 있을 것이다.

라고 말한 뒤 조조는 즉시 예형을 강제로 말에 태운 채 기병 두 사람이 호위하도록 하여 유경승에게 보냈다. 그 후 과연 유경승의 부장 황조가 거만한 예형을 죽여 버리고 말았다. 유경승뿐만 아니라 그 부하까지도 성질이 급했나 보다. 역시 조조가 말한대로 자신이 나서지도 않고 눈에 가시 같았던 예형을 죽일 수 있었다.

이렇듯 남의 힘을 빌어 적을 물리치고 자기의 입장을 지키거나 목적을 달성하는 계책을 '차도살인'이라고 한다. 지금 새누리당에서 신인 손수조 후보를 내세운 것도 이와 같은 형상이라는 생각이 든다.

학생들에게 말한다. 이러한 계책은 전쟁에서 사용한 것이기에 잔인하고 약간은 야비한 계책이기도 하다. 그런데 여기에서 중요한 것은 자기 주변의 상황을 잘 파악하라는 것이다. 그리고 '적을 알고 자신을 알면 백전백승이다(知彼知己 百戰百勝)'라는 말도 있다. 또, 『논어』「학이편」에서 공자는 "다른 사람이 자기를 알아주지 않는 것을 걱정하지 말고 다른 사람을 알지 못할까 걱정하라"(不患人之不己知, 患不知人也.)고 하였다. 이는 주변을 잘 활용하면 자신에게 유리한 일이 생길 수 있다는 것이니 이 말을 명심하기 바란다.

借刀殺人	
借	亻 仕 併 借 借
	차 빌리다
刀	𠃌 刀
	도 칼
殺	乂 杀 杀 𣏂 殺
	살 죽이다
人	丿 人
	인 사람

借款	
借	亻 仕 併 借 借
	차 빌리다
款	士 圭 隶 款 款
	관 정성

面刀	
面	丆 丙 而 面 面
	면 얼굴
刀	𠃌 刀
	도 칼

虐殺	
虐	⺊ 广 虍 虐 虐 虐
	학 사납다
殺	乂 杀 杀 𣏂 殺
	살 죽이다

人事	
人	丿 人
	인 사람
事	一 ㅡ 弓 彐 事
	사 일

한자	필순	음·뜻
借刀殺人	亻 仳 併 借 借	차 빌리다
	𠃌 刀	도 칼
	㐅 杀 杀 杀 殺	살 죽이다
	丿 人	인 사람

한자	필순	음·뜻
賃借	亻 任 任 賃 賃	임 품삯
	亻 仳 併 借 借	차 빌리다

한자	필순	음·뜻
短刀	𠂉 ⺧ 矢 矢 矩 短	단 짧다
	𠃌 刀	도 칼

한자	필순	음·뜻
殺菌	㐅 杀 杀 杀 殺	살 죽이다
	艹 艹 芇 茵 菌 菌	균 버섯

한자	필순	음·뜻
個人	亻 们 個 個 個	개 낱
	丿 人	인 사람

藏頭露尾(장두노미)

머리는 숨겼지만 꼬리는 숨기지 못하고 드러난다.

藏 : 장 감추다	貯藏(저장)	冷藏(냉장)	鹽藏(염장)
頭 : 두 머리	念頭(염두)	埠頭(부두)	饅頭(만두)
露 : 로 드러나다	暴露(폭로)	發露(발로)	坦路(탄로)
尾 : 미 꼬리	尾行(미행)	船尾(선미)	尾閭(미려)[1]

예전 시골에서 겨울이면 동네 아이들은 계곡과 논으로 썰매를 타러 다닌다. 산에서 눈썰매를 타다 보면 토끼와 꿩을 종종 볼 수 있다. 그러면 이 토끼와 꿩을 잡으려고 막대기나 깡통으로 소리 내며 토끼와 꿩이 있는 지역을 애워싼다. 토끼는 뒷다리가 길기 때문에 산 위에서 아래로 몰이를 해야 한다. 그래야 토끼가 아래로 도망을 잘 가지 못하여 잡기가 편하다. 꿩은 날지 못하도록 새총이나 작은 돌로 먼저 맞힌 후 눈을 따라 계속 쫓아다니다 보면 꿩은 지쳐서 자신의 머리를 그냥 눈 속에 파묻는다. 머리만 눈 속에 묻은 꿩은 자기가 다 숨은 줄 안다. 그래서 꿩을 가지고 '새대가리'라고 하나 보다. 자신의 몸통은 그대로 밖에 드러나 있는데도 말이다. 여기에서 유래된 말이 바로 '장두노미(藏頭露尾)'이다.

'장두노미'는 "머리는 숨겼지만 꼬리는 숨기지 못하고 드러낸 모습을 뜻하는 말"로 '노미장두(露尾藏頭)'라고도 한다. 이 성어는 2010년『교수신문』에서 올해의 사자성어로 선정하였다.

이 말은 원래 중국 원나라의 문인 장가구(張可久)가 지은 산곡(散曲)「점강순 · 번귀거래사」에 "일찍 관직에서 물러나 세속의 시비를 멀리하고 머리만 감추고 꼬리를 드러내는 일을 덜어보려네(早休官棄職, 遠紅塵是非, 省藏頭露尾.)"라는 구절에서 유래하였다. 그 뜻은 진실을 밝히지 않고 꼭꼭 숨겨두려 하지만 그 실마리는 이미 만천하에 드러나 있다는 것이다. 또, 속으로 감추는 것이 많아서 행여 들통날까봐 전전긍긍하는 태도를 뜻하기도 한다.

2012년 4월에는 총선이 있기에 공천 후보자들의 윤곽이 드러났다. 이렇게까지 오는 동안 각 당들은 후보자를 지역구에 배정하는 공천으로 커다란 후

---

1) 바다의 깊은 곳에 있어 물이 끊임없이 새어 든다는 곳.

유증을 겪어야만 했다. 공천을 따낸 사람들은 자신을 공천해 준 당에 고마움을 표하면서 적절한 선택임을 강조했다. 그리고 공천에서 떨어진 사람들은 왜 자신이 공천에서 떨어졌는지를 알 수 없다며, 소속 당의 결정에 반기를 들었다. 심지어 탈당을 하여 무소속으로도 선거를 치르겠다고 으름장을 놓기도 했다.

그런데 이럴 때 새누리당에서는 공천과 관련한 문자가 다른 사람에게 전송되어 청와대가 공천에 개입했다는 의혹을 사고 있다. 그러나 청와대와 문자를 보낸 장본인은 전혀 공천과 상관없는 일이라 발뺌을 하였다. 민주당과 진보신당도 공천과 관련한 논란이 있었다. 야당 단일 후보를 내기 위한 여론조사를 했는데 이에 대한 조작설이 돌고 있는 것이다.

이러한 일이 벌어졌음에도 불구하고 어느 누구도 여론 조작을 하지 않았다고 한다. 정치평론가들은 '보이지 않는 손'이 있음을 암암리에 얘기하고 있다. 정치와 폭력 집단에서 이러한 일은 많이 벌어지고 있다. 맨 위에 있는 사람은 경찰이나 검찰에 결코 잡히지 않고, 밑에 있는 몇 사람이 맨날 대신 벌을 받고 있다.

조선 정조 때 벼슬을 한 심환지(沈煥之)는 지금껏 정조와 대립각을 세운 학자로 알려졌다. 심지어 정조를 독살했을 수 있다는 주장도 있었다. 그런데 200여 년이 지난 지금 정조가 심환지에게 보낸 서찰이 발견되어서 이러한 추측이 다 사라졌다. 정조는 당시 노론의 영수인 심환지에서 밀서를 보내 자신이 하는 일에 대해 설명하고 도와달라고 부탁을 하였다. 게다가 일부러 반대하라는 말까지 전하며 일종의 대본을 만들어주었다. 이 밀서가 발견되지 않았다면 심환지와 정조는 사이가 좋지 않았다고 지금도 추측했을 것이다.

학생들에게 말한다. 현 정치는 아직 심환지와 정조의 관계와 같은 실상이 정확히 밝혀지지 않았다. 정치인들은 서로 자기가 하지 않았다고 한다. 이들이 올바르게 일을 하고 지금까지의 잘못된 것을 바로 잡게 하기 위해서는 학생들과 같은 젊은 층이 투표에 적극 참여해서 자신의 생각이 정치에 반영될 수 있도록 해야 한다. 더 이상 밀실 정치가 우리 정치사에서 이어지지 않도록 정치인들을 우리가 감독해야 한다는 것을 명심하자.

藏頭露尾	
藏	艹 茈 莊 藏 藏
	장 감추다
頭	一 日 豆 頭 頭
	두 머리
露	雨 雪 雪 雬 露 露
	로 드러나다
尾	一 尸 尸 尾 尾
	미 꼬리

貯藏	
貯	目 貝 貯 貯
	저 쌓다
藏	艹 茈 莊 藏 藏
	장 감추다

念頭	
念	人 亼 今 念 念
	염 생각하다
頭	一 日 豆 頭 頭
	두 머리

暴露	
暴	日 旦 昊 昦 暴 暴
	폭 사납다
露	雨 雪 雪 雬 露 露
	로 드러나다

尾行	
尾	一 尸 尸 尾 尾
	미 꼬리
行	彳 彳 行 行
	행 가다

藏頭露尾									
藏	艹 芹 莊 蘠 藏								
	장 감추다								
頭	一 口 豆 豇 頭								
	두 머리								
露	𠂆 雨 雫 雷 𩂯 露								
	로 드러나다								
尾	コ 尸 尸 𡰯 尾								
	미 꼬리								

冷藏									
冷	冫 冫 冷 冷 冷								
	냉 차다								
藏	艹 芹 莊 蘠 藏								
	장 감추다								

埠頭									
埠	圵 圵 坾 埠 埠 埠								
	부 선창								
頭	一 口 豆 豇 頭								
	두 머리								

發露									
發	癶 癶 癶 癹 發 發								
	발 펴다								
露	𠂆 雨 雫 雷 𩂯 露								
	로 드러나다								

船尾									
船	丿 月 舟 舟 舩 船								
	선 배								
尾	コ 尸 尸 𡰯 尾								
	미 꼬리								

盈科後進(영과후진)

흐르는 물은 웅덩이를 채우지 않고서는 앞으로 나아가지 않는다.

盈 : 영 차다	盈溢(영일)[1]	盈虧(영휴)[2]	盈虛(영허)[3]
科 : 과 과정	學科(학과)	教科(교과)	齒科(치과)
後 : 후 뒤	後輩(후배)	後悔(후회)	後續(후속)
進 : 진 나아가다	推進(추진)	進展(진전)	昇進(승진)

옛날 대학가에서는 남자가 군대에 가는 것을 빼면 대부분이 4년 만에 졸업을 하였다. 그러나 지금은 대학을 4년 만에 졸업하지 않는 학생들이 많다. 군대를 가지 않더라도 여러 가지 이유로 휴학을 하면서 졸업을 미루고 있다. 여기에는 아르바이트, 해외 어학 연수, 그리고 취업 준비 등으로 휴학을 한다. 이는 시간을 벌기 위해서 그렇게 하는 것이다.

필자가 군대에서 제대할 때 동기들이 필자를 부러워했다. 왜냐하면 필자는 다시 학교로 복학을 할 수 있었기 때문이다. 당시 필자의 군대 동기 몇은 필자와 같이 복학을 하고 나머지 대부분은 공사현장을 찾아서 일을 해야 했는데, 일할 곳이 정해지지 않았기 때문에 더 불안해했다.

이러한 기분을 지금 4학년들이 가지고 있을 것이다. 필자도 이 기분을 박사과정에 다닐 때 느낄 수 있었다. 인문학 박사과정을 다니거나 수료한 연구자들은 박사논문을 쓰느라 고생을 하고 그리고 가정을 돌보느라 이 학교, 저 학교를 오가면서 강의를 해야만 했다. 그리고 순수문학을 해서 인지 돈을 많이 벌 수 없는 가난한 사람들이 대부분이었다. 그러다가 대학원 동기가 먼저 교수가 되면 부러워하였다. 그리고 교수가 되면 '고전문학 · 한문학 연구회' 모임 때 저녁을 사는 전통이 있었다. 그런 날이면 필자는 저녁을 먹으면서 부럽기도 하고 약간 이상한 기분이 들기도 했다.

다음날 필자의 박사과정 때 지도교수님이 필자가 기운이 없는 것을 보시고는 "어제 저녁을 산 애가 부럽지. 처음부터 산꼭대기에 올라갈 것이라 생각하지 말아라. 너무 멀리 보지도 말아라. 지금 너 앞에 있는 것을 먼저 해

1) 가득차서 넘침.
2) 가득참과 이지러짐.
3) 가득하거나 빔.

결해라. 그리고 또 다음에 해야 할 일을 하면 어느 새 너는 산의 중턱을 넘고 있을 것이다. 처음부터 저 산을 언제 넘나 그러지 말아라. 그러면 아무 일도 하지 못한다." 라고 말씀해주셨다.

당시 필자 앞에 있는 선결 문제는 박사학위 논문을 쓰는 것이고, 그리고 학회에 나가 여러 학자들 앞에서 논문을 발표하는 것이었다. 그렇게 몇 년을 하다 보니 필자도 어느새 '고한연'에 가서 저녁을 사는 위치가 된 적이 있다. 무슨 일이든 마음만 바쁘다고 건너뛰면서까지 이룰 수 있는 것은 없다. 한 단계, 한 단계 일을 이루다 보면 어느새 뜻한 것을 완성할 수 있다.

이와 같은 뜻을 가지고 있는 성어가 '영과후진(盈科後進)'이다. 이 말의 뜻은 "흐르는 물의 성질은 웅덩이가 차지 않으면 흘러가지 않는다.(流水之爲物也 不盈科不行)"는 것으로 『孟子』「盡心章 上」에 나온다. 여기서 '과(科)'는 웅덩이를 뜻한다. 물은 위에서 아래로 흐르고 정해진 한 곳이 있으면 그 곳을 다 채운 뒤에 다른 단계로 흐르기 마련이다. 물은 그 사이를 두고 흐르거나 뛰어넘어 흐를 수가 없다. 바로 한 단계, 한 단계씩 일을 이루는 것과 같다.

『논어』「자한편」에서 다음과 같은 내용이 있다. "공자께서 냇가에 계시며 말씀하셨다. 가는 것이 이와 같구나. 밤낮 없이 쉬지 않는구나.(子在川上曰, 逝者如斯夫! 不舍晝夜.)". 물을 보면 끊이지 않고 계속하여 흐르는 것처럼 보인다. 그것도 밤낮을 가리지 않고 쉬지 않는다. 우리가 공부를 하더라도 이렇게 해야 한다. 물이 쉬지 않듯이 공부도 쉬지 않고 꾸준히 해야 한다. 그리고 우리가 사는 이 세월도 쉬지 않고 흐른다. 그렇기에 한 번 밖에 없는 삶을 열심히 살아야 자신의 삶에 의미가 있는 것이다.

학생들에게 말한다. 세상에서 자기만의 영역을 가지고 있는 사람들은 젊어서 그만큼의 노력을 한 사람들이다. 그렇기에 다른 사람들보다 좀 더 전문직에서 일을 하며 조금은 편하게 살고 있는 것이다. 지금 학생들은 고등학교에서 힘들게 공부하여 대학에 들어왔기 때문에 약간은 놀고 싶을 것이다. 그러나 곧 암울한 취업이라는 현실에 직면하게 된다. 그렇다고 낙담은 하지 말고 목표를 정해 놓고 꾸준히 일을 해야 한다. 그러면 여러분이 꿈꾸었던 꿈은 반드시 이루어질 것이다.

盈科後進		
盈	ノ 乃 夃 夃 盈 盈	영 차다
科	一 千 禾 禾 科	과 과정
後	彳 彳 後 後 後	후 뒤
進	亻 亻 亻 隹 進	진 나아가다

盈溢		
盈	ノ 乃 夃 夃 盈 盈	영 차다
溢	氵 氵 氵 氵 溢 溢	일 넘치다

學科		
學	𦥑 𦥑 𦥯 𦥯 學 學	학 배우다
科	一 千 禾 禾 科	과 과정

後輩		
後	彳 彳 後 後 後	후 뒤
輩	丿 ヨ 非 非 輩 輩	배 무리

推進		
推	扌 扌 扌 推 推 推	추 밀다
進	亻 亻 亻 隹 進	진 나아가다

盈科後進	丿 乃 夃 夃 盈 盈	
	영 차다	
	一 千 禾 禾 科	
	과 과정	
	丿 彳 彸 後 後	
	후 뒤	
	亻 亻 什 隹 進	
	진 나아가다	

盈虧	丿 乃 夃 夃 盈 盈	
	영 차다	
	卜 广 虍 虘 虧 虧	
	휴 이지러지다	

教科	丿 耂 孝 孝 孝 教	
	교 가르치다	
	一 千 禾 禾 科	
	과 과정	

後悔	丿 彳 彸 後 後	
	후 뒤	
	忄 忙 忙 恔 悔 悔	
	회 뉘우치다	

進展	亻 亻 什 隹 進	
	진 나아가다	
	乛 尸 屈 屉 展 展	
	전 펴다	

開門揖盜(개문읍도)

문을 열어 도둑이 들어오게 하다.

開 : 개 열다	公開(공개)	開幕(개막)	開封(개봉)
門 : 문 문	部門(부문)	專門(전문)	玄關門(현관문)
揖 : 읍 읍하다	揖禮(읍례)[1]	拱揖(공읍)[2]	拜揖(배읍)[3]
盜 : 도 도적	盜掘(도굴)	盜聽(도청)	捕盜廳(포도청)

필자가 「사고와표현」 수업을 할 때이다. 필자는 「사고와표현」 첫 시간에 1학년 학생들에게 자기소개서를 제출하라고 한다. 자신이 지금껏 살아온 과정을 쓰라고 한다. 그러면 처음부터 중간 이상까지는 서로가 거의 똑 같다. '엄하신 아버지와 자상하신 어머니', '부자는 아니지만 화목한 가정에서', '공부는 특별히 잘 하지는 못했지만 반장 등을 하여 리더십을 길렀다' 는 등등의 아주 상투적인 표현으로 자기소개를 한다.

그 다음은 대학교 입학이다. 여기에서는 서로 쓰는 양상이 달라진다. 학생의 2/3 이상은 현재 재학하고 있는 대학에 입학한 것을 후회하거나 반기지 않고 있다. 고3 때 조금만 더 노력했으면 더 나은 학교에 갔을 텐데 라는 후회를 적고 있다. 반면 1/3은 자신이 진정으로 원하는 학교에 왔다고 좋아하고 있다.

필자는 학생들에게 이런 말을 한다.

> 저는 여러분의 심정을 이해합니다. 왜냐하면 저도 이 학교를 나왔기 때문입니다. 저도 1학년 때 편입하려는 생각도 해보고 재수도 생각해 봤습니다. 그러나 장학금을 타서 친구들에게 크게 저녁도 사고 싶었고, 계속 학교를 다니며 제가 하고 싶은 것을 하려고 노력했습니다. 앞으로 이 학교 다녀볼만한 곳입니다. 지금 2/3의 학생들처럼 낙담하거나 실의에 빠져 있으면 4년 동안 아무것도 이루지 못하고 졸업을 할 것입니다. 무엇이라도 한 가지 이상에 열심히 하십시오.

---

1) 두 손을 맞잡아 얼굴 앞으로 들어올리고 허리를 공손하게 앞으로 구부렸다가 펴면서 손을 내리는 예를 함.
2) 두 손을 마주잡고 인사함.
3) 공손하게 두 손은 맞잡고 허리를 굽혔다가 펴면서 인사함.

지금 자신의 처지를 낙담하지 말고 현재의 상황을 직시하며, 자신에게 지금 필요한 것이 무엇인가를 깨닫고 주변 상황을 잘 판단해야 한다. 이와 관련한 이야기가『삼국지(三國志)』「손권전(四七孫權傳)」에 나온다. 그 이야기는 다음과 같다.

> 후한(後漢) 말 오(吳)나라의 무장(武將) 손책(孫策)의 세력이 날이 갈수록 강해지자 당거의 태수(太守) 허공(許貢)이 천자 헌제(獻帝)에게 손책을 제거해야 한다는 상서를 올렸다. 그러나 중간에 이 상서문이 손책의 손에 들어가게 되어 손책은 무력으로 허공을 죽인다. 그 때 허공의 집에 있던 세 명의 식객(食客)은 손책의 무력에서 간신히 탈출하여 허공의 원수를 갚기 위해 손책을 공격했다. 이때 손책은 죽고, 형의 죽음을 맞이한 동생 손권은 형이 하던 일의 뒷일을 챙기지는 않고 슬픔에만 빠져 있었다. 그러자 손책의 가신(家臣)인 장소가 손권에게 말하기를, "이런 위급한 상황 속에서 하염없이 슬픔에만 잠겨 있으면 이것은 마치 스스로 문을 열어놓고 도적을 맞이하는 격입니다. 난세에는 욕심이 많은 늑대가 득실거리는 법입니다. 정신을 차리셔야 합니다 ! "라고 충고하였다고 한다.

손권은 장소의 충고를 받아들여 그 즉시 상복을 벗어던지고 군대를 순시하였고, 아버지 손견(孫堅)의 원수인 황조(黃祖)를 무찔렀다. 또 적벽(赤壁)에서는 유비(劉備)와 연합하여 조조(曹操)의 군대를 격파하여 강남(江南)에서 그의 지위를 굳혀 오나라 임금 자리에 올라 위 · 촉한(蜀漢)과의 삼국시대(三國時代)를 여는 주역으로서 한 시대를 풍미하였다. 손권이 장소의 충고를 받아들이지 않고 형이 죽은 것에 실의하여 모든 것을 포기했다면 손권은 아무것도 이루지 못했을 것이다.

학생들에게 말한다. 이제부터가 시작이라고 말이다. 지금까지 여러 학생들은 고등학교 졸업, 대학교 입학이라는 두 줄을 이력서에 장식하고 있다. 앞으로 이력서의 많은 부분을 채워야 한다. 그것은 지금 학생들이 대학을 다니며 해야 할 것들이다. 자신의 생각에 미치지 못하는 대학에 입학하였다고 낙담하기보다는 지금의 현실을 자신의 터닝포인트로 삼을 수 있어야 한다. 그래서 일류대학 학생들과 경쟁을 하며 언젠가는 내가 이길 수 있다는 신념을 가지고 열심히 노력하기 바란다.

開門揖盜	丨 𠃌 門 門 閂 開								
	개 열다								
	丨 𠃍 門 門								
	문 문								
	扌 扌 揖 揖								
	읍 읍하다								
	氵 次 盜 盜 盜								
	도 도적								

公開	丿 八 公 公								
	공 공변되다								
	丨 𠃌 門 門 閂 開								
	개 열다								

部門	亠 咅 部 部								
	부 거느리다								
	丨 𠃍 門 門								
	문 문								

揖禮	扌 扌 揖 揖								
	읍 읍하다								
	二 礻 禮 禮 禮 禮								
	례 예도								

盜掘	氵 氵 次 盜 盜 盜								
	도 도적								
	扌 扌 扌 扌 掘 掘								
	굴 파다								

開門揖盜	
開	丨 𠂆 𨳇 門 閂 開
	개 열다
門	丨 𠁣 門 門
	문 문
揖	扌 扣 揖 揖
	읍 읍하다
盜	氵 次 盜 盜 盜
	도 도적

開幕	
開	丨 𠂆 𨳇 門 閂 開
	개 열다
幕	艹 苩 莫 莫 幕 幕
	막 막

專門	
專	一 叀 叀 叀 叀 專
	전 오로지
門	丨 𠁣 門 門
	문 문

拱揖	
拱	亅 扌 拱 拱 拱
	공 껴안다
揖	扌 扣 揖 揖
	읍 읍하다

盜聽	
盜	氵 氵 次 盜 盜 盜
	도 도적
聽	耳 耳 耳 聽 聽 聽
	청 듣다

桃園結義(도원결의)

의형제를 맺음.

桃 : 도 복숭아	胡桃(호두[1])	紫桃(자두)	櫻桃(앵두)
園 : 원 동산	庭園(정원)	樂園(낙원)	園藝(원예)
結 : 결 맺다	歸結(귀결)	結論(결론)	締結(체결)
義 : 의 옳다	義務(의무)	講義(강의)	義兵(의병)

지금이나 예전이나 정치를 하는 사람들은 '의(義)'를 강조하지 않는다. 자신의 상황에 따라 자신의 소속당을 바꾸기도 한다. 그 대표적인 예가 '삼당합당'이다. 1987년 6월 항쟁 이후 당시 '민정당' 대표였던 노태우 대표는 6 · 29선언을 하며 국민 투표로 대통령이 되기로 하고 그 방안을 만들어냈다. 그 방안이 삼당합당인데, 노태우 민정당 대표가 김영삼의 통일민주당과 김종필의 신민주공화당을 끌어들여 야합한 것을 이름한 것이다. 이 방안으로 인해 노태우 대표가 결국 대통령이 되었고, 이어 삼당을 합해서 민주자유당을 만들어 김영삼 당시 민자당 대표를 대통령으로 만들었다. 이후 민자당은 한나라당으로, 새누리당으로, 현재는 자유한국당으로 이어지고 있다.

지금도 이러한 사정은 여전하다. 몇몇 국회의원들은 철새정치를 한다는 오명을 받으면서도 당적을 바꾸고 있다. 이렇듯 정치를 하는 사람들은 자신의 이익을 위해 일을 하는 것처럼 보인다. 이는 중국의 구양수도 일찍이 말한 적이 있다. 그것이 바로「朋黨論」이다.

구양수는 소인의 붕당은 거짓이라고까지 하였다. 원래 '붕(朋)'은 목적을 같이하는 동료를 뜻한다. 그러니 소인들에게 있어서 목적이 없어지거나 깨지면 자연 그 '朋'은 없어지는 것이다. 그래서 구양수는 소인에게 '붕당'을 없다고 한 것이다.

흔히들 대학에서 만난 친구는 고향친구만 못하다고 말한다. 나이가 들어 만난 친구는 어려서 만난 친구보다 못하다는 말은 맞지 않다고 생각한다. 나이가 들어 만났지만 형제와 다름이 없었던 사람들의 이야기가 있다. 그들이 바로『삼국지연의』에 나오는 유비, 관우, 장비이다. 이들은 복숭아 밭에서 결

1) 한자는 '도'이지만 읽고 표기할 때는 '두'로 함.

의를 하는데 이것이 '도원결의(桃園結義)'이다. 이 이야기는 너무나 많이 알려진 일화이기에 핵심만 간추려 보면 다음과 같다.

후한(後漢) 말 환관(宦官)으로 인해 정치가 어지럽게 되자 장각(張角)은 두 동생과 함께 황건(黃巾)의 난을 일으켰다. 장각의 군대가 유주(幽州) 땅까지 들어오자 유주 태수(太守) 유언(劉焉)은 교위(校尉) 추정(雛靖)의 말을 들어 의병을 모집하는 방문(榜文)을 내 걸었다.

이 때 한(漢)나라 경제(景帝)의 후손인 유비(劉備)의 나이는 스물여덟이었다. 유비는 유언이 군사를 모집하는 방(榜)을 보고 긴 한숨을 쉬자 이를 본 장비(張飛)는 대장부가 나라를 위해서 힘을 내지 않고 왜 한숨만 쉬느냐고 꾸짖었다. 유비가 도적을 무찔러 백성을 편안케 하고 싶지만 힘이 없어서 탄식을 한다고 하자, 장비는 자신의 재산을 팔아 고을 안의 용사들을 모을 테니 함께 큰일을 하자고 제안했다. 유비와 장비가 마을 주막에서 술을 마시다가 우연히 군사 모집에 응하기 위해 성으로 들어가는 관우를 만나 자신들의 포부를 이야기했더니 관우도 크게 기뻐했고, 세 사람은 함께 장비의 집으로 갔다.

큰일을 의논하는 자리에서 장비가 집 뒤의 복숭아 동산에 꽃이 한창이니 내일 이 동산에서 천지(天地)에 제(祭)를 올리고 셋이 의형제를 맺어 한마음으로 협력하자고 하였다.

삽혈 등을 하며 맹세를 마친 후 유비가 형이 되고, 관우가 둘째, 장비가 셋째가 되었다. 그러나 관우는 오나라 왕인 손권에게, 장비는 부하 장수인 장달에게 각각 죽임을 당한다. 이로 인해 유비, 관우, 장비는 결별을 한다. 이렇듯 이 세 사람의 우정은 죽음이 갈라놓을 때까지 이어졌다. 이들이 만났을 때의 나이도 적은 나이가 아니었다.

학생들에게 말한다. 지금부터라도 진정한 친구를 사귀기 바란다. 진정한 친구는 쉽게 얻어지는 것이 아니다. 자신이 댓가 없는 희생을 할 때 가능하기에 다른 사람을 배려해야 한다. 자신의 이기심을 내세우면 자기 주위에는 사람들이 없을 것이다. 유비가 맏형으로 포용을 했고, 관우와 장비는 아우로서 형을 보필했기에 이들의 결의가 아름다웠던 것이다. 사회의 친구를 도구로 삼지 말고 '의(義)'를 지킬 수 있는 친구를 자기 스스로가 먼저 만들어 보기 바란다.

한자	필순 / 음·뜻								
桃園結義	十 木 杉 机 桃								
	도(두) 복숭아								
	冂 円 冋 圐 園 園								
	원 동산								
	幺 糸 糸 結 結								
	결 맺다								
	兰 羊 差 羊 義								
	의 옳다								
胡桃	十 古 胡 胡								
	호 오랑캐								
	十 木 杉 机 桃								
	도(두) 복숭아								
庭園	亠 广 庄 庭 庭								
	정 뜰								
	冂 円 冋 圐 園 園								
	원 동산								
歸結	丿 阜 皀 歸 歸 歸								
	귀 돌아가다								
	幺 糸 糸 結 結								
	결 맺다								
義務	兰 羊 差 羊 義								
	의 옳다								
	マ 矛 矛 矛 矜 務								
	무 힘쓰다								

한자	필순 / 음과 뜻
桃園結義	十 木 杉 机 桃
	도(두) 복숭아
	冂 冃 冄 園 園 園
	원 동산
	幺 糸 糸 結 結
	결 맺다
	丷 羊 羊 羊 義
	의 옳다
紫桃	⺊ 止 此 此 紫 紫
	자 자줏빛
	十 木 杉 机 桃
	도(두) 복숭아
樂園	白 白 绐 丝 樂 樂
	낙 즐겁다
	冂 冃 冄 園 園 園
	원 동산
結論	幺 糸 糸 結 結
	결 맺다
	言 言 訡 訡 論 論
	논 의논하다
講義	訁 訁 講 講 講 講
	강 익히다
	丷 羊 羊 羊 義
	의 옳다

車載斗量(거재두량)

수레에 싣고서 말[斗]로 잰다.

車 : 거(차) 수레	駐車(주차)	電車(전차)	車輛(차량)
載 : 재 싣다	揭載(게재)	搭載(탑재)	滿載(만재)[1]
斗 : 두 말	泰斗(태두)	斗頓(두돈)[2]	斗屋(두옥)[3]
量 : 량 재다	熱量(열량)	測量(측량)	數量(수량)

가수 조영남의 노래 중 "겸손은 힘들어"가 있는데, 그 가사를 보면 다음과 같다.

> 세상에는 이런 사람 저런 사람 세상에는 잘난 사람 못난 사람 많고 많은 사람들이 있지만 그중엔 내가 최고지 겸손은 힘들어 겸손 겸손은 힘들어 겸손 겸손은 힘들어 나보다도 잘난 사람 또 있을까 나보다도 멋진 사람 또 있을까 겸손 하나 모자란 것 빼면은 내가 당대 제일이지 돌아가신 울 아버지 울 어머니 날더러 겸손하라 겸손하라 하셨지만 지금까지 안 되는 건 딱 한 가지 그건 겸손이라네

이 가사를 보면 나보다 멋진 사람, 잘난 사람이 또 있을까 하며 의심하면서 내가 겸손하나 모자라는 것만 빼면 당대 제일이라고 말하고 있다. 그러면서 후렴으로 계속하여 '겸손은 힘들어'를 반복적으로 말하고 있다. 돌아가신 부모님이 겸손하라 했지만 안 된다고 노래한다.

이렇듯 겸손은 아주 힘든 일이다. 자신이 조금만 알고 있어도 많이 알고 있는 것처럼 크게 부풀려 말한다. 바로 침소봉대(針小棒大)이다. 이제 이러한 행동이 욕을 먹는다기보다는 일반적인 현상이라 생각한다. 그리고 이를 나쁘다고 욕할 수도 없다. 문제는 자신의 공을 크게 하면서 다른 사람을 배려하지 않는 것에 있다. 이는 학생들에게도 나타난다. 자기 시험 잘 보겠다고 몰래 컨닝을 하고, 다른 사람 리포트를 빌려서 베껴 내고 하는 것 등이 자

1) 물건을 자동차, 배 따위에 가득 실음.
2) 두둔. 역성을 들어주거나 허물 따위를 감싸 줌.
3) 아주 작고 초라한 집.

기 욕심을 채우기 위해 열심히 공부한 학우를 배려하지 않는 행동들이다.

겸손과 배려를 실천한 대표적인 인물이 『삼국지』『오서(吳書)』「오주손권전(吳主孫權傳)」에 나오는 '조자(趙咨)'인데, 그 내용은 다음과 같다.

219년에 오나라의 손권이 위(魏)나라의 조조(曹操)와 결탁하여 촉한(蜀漢)의 용장 관우(關羽)를 죽였다. 이에 촉한이 221년에 관우의 원수를 갚기 위하여 오나라를 공격하려고 군사를 일으켰다. 촉한의 공격에 겁이 난 손권은 위나라의 사자로 중대부(中大夫) 조자를 뽑았다.

손권이 조자에게 말하기를, "결코 오나라의 체면을 손상시키지 마시오."라고 하였다. 이 말을 들은 후 조자가 위나라의 수도에 도착하자, 위왕 조비(曹丕)는 그가 찾아온 이유를 알면서도 짐짓 속내를 떠보았다. 조비가 "오나라의 군주는 어떤 사람인가?"라고 묻자, 조자는 "총명하고 자애롭습니다. 또한 재능이 뛰어나고 원대한 지략을 소유하고 있습니다."라고 답하자 "과장이 심하군." 하며 조비가 비꼬듯 웃었다.

그러자 조자가 하나하나 실례를 들어가며 반론하였다. 조비가 또 물어보기를, "만일 위나라가 오나라를 공격한다면?"이라고 하니 조자는 "대국에 무력이 있다면, 소국은 방위책이 있습니다."라고 대답하였다. 또 조비가 "위나라가 두려운가?"라고 물으니 조자는 "오나라에는 100만의 용맹한 군사와 함께 지리적인 천험(天險)이 있습니다."라고 대답하였다. 또 "그대 같은 인재가 오나라에는 얼마쯤 되나?"라고 물으니 조자가 대답하기를, "나 같은 자는 수레에 싣고 말로 잴 정도[車載斗量]입니다."라고 하니 조비가 탄복하며 "사신으로서 군주의 명을 욕되게 하지 않는다 함은 그대를 두고 하는 말일 것이오."라고 말했다.

여기에서 '거재두량(車載斗量)'이 유래했다. 만약 여기에서 조자가 자신의 신력을 과신했다면 오나라와 위나라, 두 나라 중 하나는 위험에 처했을 것이다. 그리고 이를 슬기롭게 처신했으면서도 자신의 드러내지 않고 겸손한 행동으로 일관했다.

학생들에게 말한다. 자신이 열심히 그리고 꾸준히 일을 진행한다면 사람들에게 자신이 말을 하지 않아도 그 노고를 다 알아 줄 것이다. 문제는 보여주기 위한 행동이 아니라 진심에서 나오는 행동을 해야 하고, 다른 사람들을 배려하면서 겸손한 자세를 유지해야 한다는 것을 명심하자.

車載斗量	一 亘 車 車 / 거(차) 수레
	亠 吉 亘 載 載 / 재 싣다
	丶 ㇀ 斗 / 두 말
	日 旦 昌 量 量 / 량 재다

駐車	厂 F 馬 馬 駐 駐 / 주 머무르다
	一 亘 車 車 / 차(거) 수레

揭載	扌 扌 扌 拐 揭 揭 / 게 들다
	亠 吉 亘 載 載 / 재 싣다

太斗	一 ナ 大 太 / 태 크다
	丶 ㇀ 斗 / 두 말

熱量	土 圭 坴 埶 埶 熱 / 열 덥다
	日 旦 昌 量 量 / 량 재다

車載斗量	一 亘 亘 車								
	거(차) 수레								
	土 吉 車 載 載								
	재 싣다								
	丶 ㅗ 斗								
	두 말								
	日 旦 昌 量 量								
	량 재다								
電車	一 雨 雨 雨 霄 電								
	전 번개								
	一 亘 亘 車								
	차(거) 수레								
搭載	扌 扌 挞 挞 搭 搭								
	탑 타다								
	土 吉 車 載 載								
	재 싣다								
斗頓	丶 ㅗ 斗								
	두 말								
	一 口 屯 屯 頓 頓								
	돈 조아리다								
測量	氵 泪 湏 測								
	측 재다								
	日 旦 昌 量 量								
	량 재다								

望梅解渴(망매해갈)

매실을 바라보며 갈증을 해소한다.

望 : 망 바라다	慾望(욕망)	怨望(원망)	望遠鏡(망원경)
梅 : 매 매화나무	梅實(매실)	梅香(매향)	梅甁(매병)[1]
解 : 해 풀다	誤解(오해)	解體(해체)	解答(해답)
渴 : 갈 목마르다	渴症(갈증)	飢渴(기갈)	消渴(소갈)[2]

사람들은 자신이 믿는 종교의 신에게 결정적인 시기마다 무엇이 되게 해 달라고 빌곤 한다. 그리고 이러한 행동은 반복적으로 이루어지는데, 그 일의 결론이 날 때까지 말이다. 사람들이 무당을 찾아가 부적을 만드는 일도 바로 이와 같다. 어디엔가 의탁할 곳이 없는 사람들이 무당의 부적에라도 의지하고 싶은 마음의 표현이다.

이를 우리는 '유감주술(類感呪術)'이라 말한다. 이 말에는 "유사는 유사를 낳고, 닮은 것은 닮은 것을 낳으며, 어떤 일의 결과가 원인을 닮는다"는 뜻을 가지고 있다. 무엇이 되고자 마음을 가지고 노력하면 바로 그 바라는 것이 이루어진다는 것을 의미한다. 이렇게 되기 위해서라면 원하는 사람의 의지가 강해야 한다. "나는 반드시 이룬다, 나는 할 수 있다"는 식의 자기 체면이 아울러 이루어지면 그 결과는 더 크다고 할 수 있다.

이와 비슷한 이야기가 『삼국지연의(三國志演義)』에 유비와 조조의 대화에 나오는데, 내용은 다음과 같다.

유비(劉備)가 조조(曹操)에게 몸을 의탁하고 있을 때, 하루는 조조가 유비를 불러 자리를 함께 하고는 손을 잡으며 다음과 같이 말하였다고 한다.

> 나는 조금 전 후원의 매실이 익은 것을 보고 장수(張繡)를 정벌할 때의 기억이 나서 그대와 함께 담소하며 술이나 마시자고 불렀소. 그 때는 행군 도중에 물이 떨어져 병사들의 고통이 아주 심했는데, 내게 문득 한 가지 묘안이 떠올랐다오. 그래서 말채찍으로 앞을 가리키며 병사들에게 이렇게 말

1) 아가리가 좁고 짧으며, 어깨는 넓고 밑이 갸름하게 생긴 청자 병.
2) 물을 많이 마시고 음식을 많이 먹으나, 몸은 여위고 오줌량이 많아지는 병증.

했소. "저 앞에는 넓은 매실나무 숲이 있는데, 그 매실은 아주 시고도 달아 우리 목을 축이기에 충분할 것이다. 잠시만 참고 힘을 내자." 이 말을 들은 병사들은 매실의 신맛을 생각하고 입 안에 침이 돌아 갈증을 잊게 되었소. 그리고 오래지 않아 물 있는 곳을 찾아 다행히 갈증과 피로를 해소시켰오.

여기에서 매실을 바라보며 갈증을 해소한다는 '망매해갈(望梅解渴)'이 유래하였다. 실제는 매실이 없지만 상상으로나마 매실을 생각하며 자기 부하들의 갈증을 해소해주려는 것으로 조조의 지휘력을 높이 평가할 수 있는 부분이다. 그런데 조조가 이 말을 유비에게 하려는 의도가 무엇일까. 조조는 지금 자신의 옆에 있는 유비가 어떤 마음을 가지고 있는지를 알아보기 위해 일부러 한 말이다. 결국 조조는 자신이 하고자 하는 대로 모든 것을 얻었다.

종종 필자는 강의 시간에 학생들에게 무엇이 되고 싶은지, 왜 그것을 하려고 하는지를 묻는다. 그러고는 무엇인가 되고 싶으면 이력서를 많이 써 보라고 권한다. 이력서 한 장을 채우기 위해서는 본인의 다양한 스팩이 있어야 한다. 필자도 이력서를 200장 이상 쓴 듯하다. 필자는 취업이 목적이 아니라 '나는 무엇이 되겠다'는 자기 체면을 하기 위해서였다. 그런데 대단한 것은 필자가 원했던 일의 90%를 이루었다.

학생들에게 말한다. 세상에서 가장 어려운 것이 자기를 이기는 것(克己)이다. 자기를 이기지도 못하면서 다른 사람을 이길 수는 없다. 성공한 사람들의 90% 이상은 남들이 볼 때 아주 지독한 사람이라 인식되고 욕도 많이 먹는다. 지독하다는 것은 한 분야에 열정을 가지고 있고, 또 그 분야에 반은 미친 사람이다. 그래서 "불광불급(不狂不及 : 미처야 미칠 수 있다.)"이라 말이 나온 듯하다. 어떤 것이든 하나에 미쳐야 한다. 그리고 '나는 할 수 있다'를 자꾸 되새기기 바란다. 그러면 학생이 하고자 하는 것을 하며 살 수 있을 것이다. 요즘 매화가 곱게 피어나고 있다. 매화를 보며 조조의 말을 생각해 보길 바란다.

望梅解渴									
望	亡 朚 望 望 望								
	망 바라다								
梅	木 杧 杧 栴 栴 梅								
	매 매화나무								
解	⺈ 角 角 觓 觧 解								
	해 풀다								
渴	氵 泂 浻 渴 渴 渴								
	갈 목마르다								

慾望									
慾	八 仌 谷 谷 欲 慾								
	욕 욕심								
望	亡 朚 望 望 望								
	망 바라다								

梅實									
梅	木 杧 杧 栴 栴 梅								
	매 매화나무								
實	宀 宀 宀 寶 實								
	실 열매								

誤解									
誤	言 訂 誀 誤 誤								
	오 어긋나다								
解	⺈ 角 角 觓 觧 解								
	해 풀다								

渴症									
渴	氵 泂 浻 渴 渴 渴								
	갈 목마르다								
症	亠 疒 疔 疔 症								
	증 증세								

漢字	필순 / 음·뜻
望	亡 胡 望 望 望
	망 바라다
梅	木 杧 杧 栴 栴 梅
	매 매화나무
解	⺈ 角 角 觓 解 解
	해 풀다
渴	氵 沪 沪 渇 渇 渴
	갈 목마르다

漢字	필순 / 음·뜻
怨	ク 夕 夘 夗 怨 怨
	원 원망하다
望	亡 胡 望 望 望
	망 바라다

漢字	필순 / 음·뜻
梅	木 杧 杧 栴 栴 梅
	매 매화나무
香	一 二 千 禾 香 香
	향 향기

漢字	필순 / 음·뜻
解	⺈ 角 角 觓 解 解
	해 풀다
體	冂 冎 骨 骨 體 體
	체 몸

漢字	필순 / 음·뜻
飢	𠆢 今 食 飣 飢
	기 주리다
渴	氵 沪 沪 渇 渇 渴
	갈 목마르다

水魚之交(수어지교)

매우 친밀하게 사귀어 떨어질 수 없는 사이.

水 : 수 물	水泳(수영)	廢水(폐수)	水素(수소)
魚 : 어 물고기	魚缸(어항)	鰐魚(악어)	魚物(어물)
之 : 지 가다			
交 : 교 사귀다	交換(교환)	交戰(교전)	交替(교체)

아주 친한 친구관계를 일컫는 말 중에 관포지교(管鮑之交)가 있다. 여러분이 다 아는대로 관중과 포숙은 그 사이가 아주 친했다. 백아절현(伯牙絶絃)은 백아와 종자기 이야기로, 자신의 음악을 알아주는 이가 죽자 다시는 악기를 연주하지 않았다는 고사이다. 이와 같이 개개인들은 누군가를 만나 아주 절친한 사이를 이루며 지낸다.

우리 연예계에도 이와 유사한 관계가 많았다. 1940 · 50년대 양훈과 양석천은 홀쭉이와 뚱뚱이로 활동을 하여 아주 많은 인기를 끌었다. 그리고 구봉서와 배삼용, 남철과 남성남, 남보원과 백남봉 등이 코미디계를 대표하는 콤비였다. 만담계에서는 고춘자와 장소팔이 그렇다. 이들은 가족보다도 더 많이 만나며 생활을 함께 하고 있어 자신 이외에 자기를 가장 잘 알던 콤비들이었다.

지금 연예계를 보면 오래가는 그룹이나 콤비가 많지 않은 실정이다. 여러 명이 활동을 하다가 중간에 불화가 생겨 독자적으로 활동을 한다. 대개 그룹원들과의 불화는 돈이 문제이다. 그런데 요즘까지도 콤비를 이루고 있는 개그맨이 있다. 그들이 바로 '컬투'로 정찬우와 김태균이다. 이들은 처음에 셋이서 '컬트 삼총사'로 시작했으나 한 명이 빠지고 난 후 둘이서 '컬투'를 만들어 지금까지 왕성한 활동을 하고 있다.

필자는 이들을 밀착 취재를 했던 방송을 본 적이 있다. 그 때 정찬우는 자신들이 오래토록 변치 않고 좋은 사이가 이어지는 것에는 상대방에 대한 배려가 있어서 라고 얘기했다. 예를 들어 물 잔을 김태균에게 건넬 때 어떻게 줘야 편안할까를 생각한다는 것이다. 이러한 배려가 없을 때는 서로가 이기적인 모습을 보일 수박에 없다. 그러면 그 관계는 오래토록 유지 될 수가 없다.

이렇게 매우 친밀하게 사귀어 떨어질 수 없는 사이를 '수어지교(水魚之交)'라고 한다. 바로 물고기가 물을 떠나서는 잠시도 살 수 없는 것과 같은 관계에 비유한 말이다. 이 말은 중국 삼국시대의 유비(劉備)와 제갈량(諸葛亮)의 사이를 비유한 데서 비롯되었다.『삼국지』「제갈량전(諸葛亮傳)」을 보면, 유비와 제갈량과의 사이가 날이 갈수록 친밀하여지는 것을 관우(關羽)와 장비(張飛)가 불평하자, 유비가 그들을 불러 "나에게 공명(孔明)이 있다는 것은 고기가 물을 가진 것과 마찬가지다. 다시는 불평을 하지 말도록 하게(孤之有孔明 猶魚之有水也 願諸君勿復言)"라고 타일렀다고 한다. 이후 관우와 장비는 유비에게 다시는 불평하지 않았다고 한다.

유비, 관우, 장비는 도원결의를 한 의형제 임에도 불구하고 유비는 제갈량을 자신의 의형제가 불평을 할 정도로 극진히 모셨다. 유비는 제갈량을 모시기 위해 세 번이나 제갈량을 찾아가 청하였다. 이를 '삼고초려(三顧草廬)'라고 한다. 이러다 보니 자연 유비의 촉나라 사람들은 제갈량이 뭐 그리 대단하냐고 핀잔도 했다. 그러나 제갈량은 세 번의 심사숙고(深思熟考) 끝에 내린 결정에 보답이라도 하듯 자신의 능력을 맘껏 펼쳐 보였다. 그 예가 화살 만 개를 하루 사이에 만든 것, 그리고 적벽대전에서 화공으로 조조에게 승리한 것 등이다. 이것이 자신을 믿어준 유비에게 능력으로 보답한 것이다. 그렇기에 유비와 제갈량의 관계가 잘 유지 되었다고 생각한다. 그로부터 관우와 장비 및 촉나라 사람들은 제갈량에 대해 더 이상 불평을 하지 않았다. 또, 관우와 장비는 유비의 한마디 말에 바로 수긍을 하는 것도 형님에 대한 배려였다.

학생들에게 말한다. 사람이 살면서 가장 중요한 것이 가까운 사람과의 관계이다. 그것도 두 사람의 관계가 가장 중요하다. '仁'을 보면 '사람 인(人) + 두 이(二)'의 의미가 합해진 글자이다. 그런데 둘의 관계가 불편해지면 누가 나서서 도와줄 수도 없다. 같이 방을 써도 셋이 쓰면 한 사람이 중재를 할 수도 있지만 둘은 관계 유지가 아주 힘들다. 이 때 필요한 것이 바로 전술한 배려이다.

필자는 학생들에게 "너무 가깝게 가지도 말고, 너무 멀리도 가지 말아라(不可近 不可遠)"를 강조한다. 두 사람의 사이가 너무 가까워지면 함부로 대하고 사이가 멀어지면 잊혀지기 쉽다. 요즘말로 '밀당'을 잘해야 한다는 것이다. 컬투가 서로에게 배려를 하듯 다른 사람에게 배려하면 유비와 제갈량과 같이 친한 친구를 얻을 수 있을 것이다.

水魚之交	亅 才 水 水
	수 물
	⺈ 仢 角 鱼 魚
	어 물고기
	' ㇇ 之
	지 가다
	' 亠 六 六 交 交
	교 사귀다

水泳	亅 才 水 水
	수 물
	丶 氵 氵 汸 汾 泳
	영 헤엄치다

魚缸	⺈ 仢 角 鱼 魚
	어 물고기
	𠂉 𠂒 午 缶 缸
	항 항아리

交換	' 亠 六 六 交 交
	교 사귀다
	一 扌 扌 掵 換
	환 바꾸다

水魚之交		
水	亅 刁 水 水	수 물
魚	𠂊 ⺈ 角 鱼 魚	어 물고기
之	' ㇇ 之	지 가다
交	' 亠 六 六 交 交	교 사귀다

廢水		
廢	广 庐 庅 廃 廢 廢	폐 폐하다
水	亅 刁 水 水	수 물

鰐魚		
鰐	鱼 魚 魚 魚 鰐 鰐	악 악어
魚	𠂊 ⺈ 角 鱼 魚	어 물고기

交戰		
交	' 亠 六 六 交 交	교 사귀다
戰	口 吅 四 單 戰 戰	전 싸우다

烏飛梨落(오비이락)

까마귀 날자 배 떨어진다.

烏 : 오 까마귀	烏竹(오죽)	烏骨鷄(오골계)	烏鵲橋(오작교)
飛 : 비 날다	飛躍(비약)	飛翔(비상)	雄飛(웅비)
梨 : 리 배나무	鳳梨(봉리)[1]	藤梨(등리)[2]	鴨梨(압리)[3]
落 : 락 떨어지다	墮落(타락)	墜落(추락)	騰落(등락)

2012년 런던 올림픽에서는 상상도 못했던 이변이 많이 일어났다. 그 중에 하나가 바로 축구 대표선수들이 동메달을 딴 것이다. 축구 종가인 영국을 이기고 4강에 오른 후 3, 4위전에서 숙적인 일본을 이겨 동메달을 받았다. 선수들과 감독, 그리고 국민들도 모두 흥분의 도가니였다.

얼마 후 축구 선수 중 박종우 선수가 관중이 들고 있던 "독도는 우리땅"이라는 글 귀가 있는 판을 들고 그라운드를 잠깐 돌았다. 이것이 화근이 되었다. 일본은 이 행위를 정치적 행동이라고 몰아붙였다. 최근 이명박 대통령이 현직 대통령으로서는 처음으로 독도를 방문했고, 독도가 한국령이라는 표석까지 세웠다. 그리고 중국은 센카쿠 열도에 상륙하여 일본의 심기를 불편하게 하였다. 이러한 상황에서 일본이 박종우 선수의 행동을 가만히 두지 않았다. 게다가 3, 4위전에서 한국에게 패했으니 심기가 더 상했을 것이다.

대한체육회와 축구협회에서도 박종우 선수가 의도적으로 한 것이 아님을 서면으로 제출했다. 여기서 우리가 한 번 생각해보자. 만약 박종우 선수가 의도적으로 피켓을 들었다면 과연 한글로 썼을까. 당시 경기장에 있던 사람들, TV를 시청하는 사람들 중에서 한글을 읽을 줄 아는 사람이 과연 몇 명이나 되었을까. 진정으로 정치적 의도가 있었다면 영어로 쓰거나 일본어로 써야 한다. 그런데 박종우 선수가 들고 뛴 것은 한글로 쓴 피켓이다. 이는 정치적 의도가 없음을 증명하는 것이다. 박종우 선수는 당시 한일관계에 의해 피해를 본 경우라 할 수 있다.

이와 관련된 사자성어가 '오비이락(烏飛梨落)'이다. 이 사자성어의 뜻은

1) 파인애플에 열리는 타원형의 열매.
2) 다래나뭇과에 속한 낙엽 덩굴나무.
3) 중국 원산인 배의 하나. 열매는 달걀 모양이고 맛이 좋다.

"아무런 관계도 없이 한 일이 우연히 동시에 일어나, 다른 일과 관계된 것처럼 남의 혐의를 받게 됨"을 비유하는 말이다. 『천수경』에 다음과 같은 내용이 나온다.

> 까마귀가 날면서 배가 떨어졌고, 그 배나무 아래서 휴식을 취하던 뱀이 머리에 배가 떨어져서 깨져 죽었다. 뱀은 죽어 산돼지로 태어나고 뱀을 우연찮게 죽였던 까마귀는 죽어 꿩으로 다시 태어났다. 이른 봄 꿩이 양지쪽에 앉아 햇볕을 쬐고 있는데 마침 산비탈을 지나던 산돼지가 그만 돌을 헛디뎠다. 그런데 그 돌이 굴러 한창 행복하게 볕을 바라보던 꿩에게 맞아 죽었다. 꿩은 죽어 다시 사람으로 태어나 사냥꾼이 되었는데 어느 날 산에서 우연히 산돼지와 마주쳤다. 사냥꾼이 그 산돼지를 쏘려하자 산돼지는 마침 근처에 있던 조그만 암자로 숨었다. 이 암자에는 지혜의 눈이 열린 스님 한 분이 살고 계셨다. 스님이 가만히 참선을 하고 앉아 있으려니 절 주위에서 죽고 죽이는 과거의 원한 관계가 뒤엉켜 일촉즉발의 광경이 펼쳐지고 있었다. 스님은 사냥꾼에게 가서 산돼지를 죽이지 말라고 하면서 과거로부터 이어져 온 서로의 원한 관계를 설명해 주자 사냥꾼은 마침내 발심하여 불제자가 되었다고 한다.

삼생에 걸쳐진 묘한 인연 이야기이다. 경기도 안성에 있는 청룡사에는 이 내용을 담은 벽화가 있다. 서로 원하지도, 의도하지도 않은 일이 벌어져서 피해를 당한 것이다.

결국 박종우 선수는 자신이 의도하지는 않았지만 피해를 입었다. IOC는 선수로서 가장 영광스러운 자리인 시상대에 박종우 선수를 서지 못하게 했다. 공평하게 판정을 내려야 할 IOC는 편파적인 처벌을 내린 것이다.

학생들에게 말한다. 박종우 선수의 행위가 아주 잘한 것은 아니다. 그렇다고 징계를 받을 만한 행동도 아니다. 중요한 것은 의심 받을 만한 행동을 해서는 안 된다는 것이다. 자신의 실력으로 정정당당하게 일을 처리해야 한다. 사람이 많은 자리에서 의도하지 않게 누명을 쓸 수도 있다. 항상 자신의 주변을 잘 살펴서 실수를 하지 않고 빌미를 제공하지 않도록 해야 한다.

烏飛梨落		
烏	′ 户 乌 烏 烏	오 까마귀
飛	乁 乁 飞 飛 飛 飛	비 날다
梨	二 千 禾 利 梨 梨	리 배나무
落	艹 茳 落 落	락 떨어지다

烏竹		
烏	′ 户 乌 烏 烏	오 까마귀
竹	ノ ⺈ 个 竹 竹	죽 대나무

飛躍		
飛	乁 乁 飞 飛 飛 飛	비 날다
躍	跙 跙 躍 躍 躍 躍	약 뛰다

鳳梨		
鳳	几 凡 凤 凤 鳳 鳳	봉 봉황
梨	二 千 禾 利 梨 梨	리 배나무

墮落		
墮	阝 阝 陏 陏 隋 墮	타 떨어지다
落	艹 茳 落 落	락 떨어지다

烏飛梨落		
烏	´ 户 白 乌 烏	오 까마귀
飛	⺄ 飞 飞 飛 飛 飛	비 날다
梨	二 千 禾 利 梨 梨	리 배나무
落	艹 茳 莈 落	락 떨어지다

烏骨鷄		
烏	´ 户 白 乌 烏	오 까마귀
骨	冂 冋 冎 骨 骨	골 뼈
鷄	奚 奚 鷄 鷄 鷄 鷄	계 닭

飛翔		
飛	⺄ 飞 飞 飛 飛 飛	비 날다
翔	丷 䒑 羊 羊 翔 翔	상 날다

藤梨		
藤	艹 藤 藤 藤 藤 藤	등 등나무
梨	二 千 禾 利 梨 梨	리 배나무

墜落		
墜	阝 阝 阾 隊 隊 墜	추 떨어지다
落	艹 茳 莈 落	락 떨어지다

識字憂患(식자우환)

글자를 아는 것이 오히려 걱정을 끼친다.

識 : 식 알다	鑑識(감식)	博識(박식)	沒常識(몰상식)
字 : 자 글자	字板(자판)	字幕(자막)	綴字(철자)
憂 : 우 근심	憂鬱(우울)	杞憂(기우)	解憂所(해우소)
患 : 환 근심	疾患(질환)	災患(재환)	癩患者(나환자)

요즘 현대인이면 대부분이 자기의 몸 관리에 관심이 많다. 직장이나 국민건강관리공단에서 도움을 받아 1년에 한 번 또는 6개월에 한 번 정기 건강검진을 하고 있다. 간혹 내 몸은 내가 안다면서 건강검진을 안 받는 사람도 있고, 검진을 했을 때 큰 병이라도 걸렸다고 할까봐 겁이 나서 검진을 안 받는 사람도 있다.

그런데 문제는 대부분의 사람들이 자기가 의사인양 스스로 판단을 하여 약을 복용하는 것에 있다. 가장 많이 먹는 일반약은 비타민이다. 여기에 간장약, 위장약 등을 함께 복용하기도 한다. 이러한 약을 이제 편의점에서도 쉽게 살 수 있으니 앞으로 더 남용할 가능성도 많다. 인터넷의 발달로 의학지식을 쉽게 접하고 병세를 자가 진단하고 자가 처방하는 위험이 도사리고 있다.

예전에는 약에 대한 사전지식이 없었기에 함부로 약을 먹는 일은 없었다. 필자가 어렸을 때는 약이 흔하지 않았고, 약국에 가서 약을 사 먹는 일도 많지 않았다. 벌에 쏘였을 때는 된장이나 간장을 발라주었다. 된장은 만병통치약이었다. 물파스를 바르기도 하였고, 찰과상에 바르던 빨간약의 효능을 맹신하여 모든 환부에 바르기도 했다.

필자가 어렸을 때 다리에 종기가 생겼는데, 필자의 모친께서는 종기의 고름을 짠 다음에 그 가운데 사카린을 넣고 콩 간 것을 그 위에 덮은 후 붕대로 묶어 주셨다. 그런데 그 종기가 다 나았던 기억이 난다. 간혹 민간요법이 병을 치료할 수 있다. 그럼에도 불구하고 나았으니 다행이지 이러한 민간요법은 정말로 위험할 수 있다. 이 민간요법으로 조선시대에는 많은 사람들이 죽었다. 이렇게 어중간하게 아는 의학지식이 문제였다.

우리 속담에 '아는 것이 병이다'라는 말이 있다. 지금은 매체가 발달하여 몰라도 될 것까지 다 알게 되어 문제가 되는 경우도 있다. 모르는 게 약이 되는 경우도 있는데,『삼국지』에 다음과 같은 고사가 나온다.

유비에게 제갈량을 소개했던 서서(徐庶)가 유비의 군사로 있으면서 조조를 많이 괴롭혔다. 조조는 모사꾼인 정욱의 계략에 따라 서서가 효자라는 것을 알고 그의 어머니를 이용하여 그를 끌어들일 계획을 세웠다. 서서의 어머니 위부인은 학식이 높고 의리가 투철한 여장부로 서서에게 현군을 섬기도록 격려하였다. 그러나 조조는 위부인의 글씨를 모방한 거짓 편지를 써서 서서를 자기 편으로 끌어들였다. 나중에 위부인은 서서가 조조의 진영으로 간 것이 자기에 대한 아들의 효심과 거짓 편지 때문이었다는 것을 알고는 "여자가 글씨를 안다는 것이 근심이다(女子識字憂患)."라며 한탄하였다고 한다. 소동파의 시에 "인생은 글자를 알 때부터 우환이 시작된다(人生識字憂患始)."라는 구절도 있다.

이렇듯 '식자우환(識字憂患)'은 "너무 많이 알기 때문에 쓸데없는 근심도 많이 하는 것, 또 어줍지 않은 지식 때문에 일을 망치는 것"을 뜻한다. 만약 서서의 어머니께서 글을 알지 못했다면 조조의 계략은 성공하지 못했을 것이다. 그렇다고 글을 모르고 살 수는 없는 일이다. 글을 안다는 것을 조조가 이용했기에 더 문제가 된 것이다.

적당히 모르고 살 수 있다면 그것도 좋다고 생각한다. 내가 지금 알지 않아도 될 것은 모르고 지나가는 것이 좋다. 누가 내 험담을 했더라도 내가 그것을 듣지 못했다면 아무런 문제가 되지 않았는다. 그런데 문제는 꼭 다른 사람의 이야기를 옮기면서, 의도적으로 당사자에게 알려주어 다른 일이 벌어지기 마련이다.

학생들에게 말한다. '하얀거짓말'도 언젠가는 문제가 될 수 있다. 자신이 잘 알지 못하는 것은 말을 하지 말고, 알고 있는 것이라도 상황에 따라 당사자에게 정확히 옮겨야 한다. 옮기지 않아도 될 것이라면 끝까지 발설하지 말아야 한다. 또 지식의 홍수에서 올바른 지식을 가려서 알아야 한다. 무분별한 지식을 다 알 필요가 없다. 자신이 알고 있는 것이 다른 사람에게 독이 될 수도 있다는 것을 명심하기 바란다.

識字憂患	
	言 言 詝 諳 識 識
	식 알다
	宀 字 字 字
	자 글자
	一 百 亘 惪 憂
	우 근심
	冂 吕 串 患 患
	환 근심

鑑識	
	金 釒 鉅 鉴 鍳 鑑
	감 거울
	言 言 詝 諳 識 識
	식 알다

字板	
	宀 字 字 字
	자 글자
	十 木 朩 杇 杤 板
	판 널빤지

憂鬱	
	一 百 亘 惪 憂
	우 근심
	木 栫 樊 爩 鬱 鬱
	울 답답하다

疾患	
	亠 广 疒 疒 疟 疾
	질 병
	冂 吕 串 患 患
	환 근심

識字憂患	
	言 言 訁 諳 識 識
	식 알다
	宀 宁 字 字
	자 글자
	一 百 直 惪 憂
	우 근심
	冖 吕 串 患 患
	환 근심

博識	
	十 忊 恒 愽 博 博
	박 넓다
	言 言 訁 諳 識 識
	식 알다

字幕	
	宀 宁 字 字
	자 글자
	芇 苩 莫 莫 幕 幕
	막 막

杞憂	
	十 木 杓 杞
	기 나무이름
	一 百 直 惪 憂
	우 근심

災患	
	巜 巛 巛 巛 災
	재 재앙
	冖 吕 串 患 患
	환 근심

泣斬馬謖(읍참마속)

사사로운 감정을 버리고 엄정히 법을 지켜 기강을 바로 세움.

泣 : 읍 울다	泣血(읍혈)	泣涕(읍체)	泣訴(읍소)
斬 : 참 베다	處斬(처참)	斬屍(참시)	斬髮(참발)[1]
馬 : 마 말	競馬(경마)	騎馬(기마)	馬房(마방)[2]
謖 : 속 오르다			

1930년대 말에 중국 국민당과 공산당은 일본과 대항하기 위해 '국공합작'을 결성하였다. 이 국공합작으로 인해 중국은 하나가 된 듯하였다. 그런데 1945년 일본의 항복으로 인해 공통의 적이 없어지자 국민당과 공산당의 국공합작 결성이 깨어지고 결국 장개석의 국민당 정부는 현재의 대만으로 쫓겨 갔다. 장개석 정부는 대만에서 조금만 있다가 본토로 돌아간다고 믿어 모든 국민에게 북경어를 사용하게 했다. 그리고 국민도 장개석 정부를 믿고 잘 따랐다고 한다.

이러했던 장개석 정부가 국민들에게 믿음을 잃은 적이 있다. 그것은 정부 관료의 부패 때문이었다. 이 때 장개석 정부는 국민들에게 믿음을 주기 위해 여러 가지 방안을 세웠다. 그런데 부패 관료와 연결된 인물 중에 장개석 총통의 며느리가 있었다고 한다. 장개석은 개인적으로는 며느리지만 부패 관리와의 연관 때문에 총살형을 할 수밖에 없었다. 당시 대만 국민들은 설마 며느리를 죽일까 생각을 했다고 한다. 그런데 장개석은 공(公)과 사(私)는 구분해야 한다고 하면서 며느리를 공개적으로 처형했다. 이 일로 인해 대만 정부의 부패가 거의 척결되었다고 한다.

반면, 1950년대 말 한국의 자유당 정권 시절 이승만 대통령은 부통령으로 자신의 최측근인 이기붕을 선임하였다. 그런데 이기붕은 자신을 믿어 주는 이승만 대통령을 위해 모든 부정부패를 일삼았다. 이기붕은 이승만이 없으면 자신의 지위를 지킬 수 없다는 것을 알았기에 이기붕은 이승만의 대통령직을 계속 유지하기 위해 부정선거를 강행하였다. 이것을 기화로 하여

1) 머리털을 전부 깎음.
2) 마구간을 갖춘 주막집.

4 · 19의거가 시작되었다. 이에 이승만 대통령은 대통령직에서 하야를 했고 이후에 이승만 대통령 부부는 미국으로 갔으며, 이기붕은 자기 아들의 권총에 맞아 죽었다. 이것으로 자유당 정권은 막을 내리고 만다.

어느 정부이든 부정부패는 자신의 측근에서 일어나기 마련이다. 김영삼, 김대중 전 대통령도 자신의 재임 시절에 자신들의 아들을 잘 단속하지 못했기에 퇴임 후에 존경 받아 마땅하지만 그 빛을 발하고 말았다. 미리 자신의 아들을 단속하여 기강을 바로 세웠다면 그 아들들이 교도소에 가는 일은 없었을 것이다.

측근의 사람을 죽여 기강을 바로 세운 일화가 『촉지(蜀誌)』「마속전(馬謖傳)」에 나온다. 유비의 신임을 받고 있던 제갈량(諸葛亮)은 여러 장수(將帥) 중에서 마속(馬謖)을 높이 평가하였다. 그런데 유비는 제갈량과는 생각이 달랐다. 그리하여 '그는 겉으로는 훌륭해 보이나 실제로는 대단한 게 없으므로 그를 높이 기용하지 말라'고 제갈량에게 충고하였다. 그럼에도 불구하고 제갈량은 계속하여 마속을 아꼈다. 그런데 마속은 제갈량의 믿음을 받고 있다는 것만 믿고는 가정(街亭)의 전투에서 제갈량의 명령과 지시를 따르지 않고 제멋대로 싸우다가 패하였다.

몇 번의 믿음 끝에 결국 제갈량은 울며 마속의 목을 베어 전군의 본보기로 삼은 것이다. 제갈량은 마속을 죽일 때 "말이 실상보다 앞선다(言過其實)"를 떠올리면서 눈물을 흘렸다고 한다. 여기에서 '읍참마속(泣斬馬謖)'의 고사가 비롯한 것인데, "울며 마속의 목을 벤다"는 뜻이다.

학생들에게 말한다. 자신을 믿어준 사람에게는 죽음을 다해서라도 충성을 해야 한다. 그러나 사람의 욕심이란 그 정도가 정해져 있지 않다. 만약 내 주변에 고위 관직자나 군 장성이 있으면 자기의 욕심을 위해 이들을 이용하려 한다. 그러면 이는 자신을 믿어 준 사람을 죽이는 꼴이 된다는 것을 알아두기 바란다. 그리고 부정과 비리는 반드시 척결해야 한다. 만약에 이런 일이 있다면 우선 자기와 가장 가까운 사람을 먼저 벌로 다스려야 한다. 그리고 학생 여러분이 고위 관직에 오른다면 반드시 주변을 잘 단속해야 한다는 것을 명심하길 바란다.

泣斬馬謖	筆順	音·訓
泣	丶 冫 氵 汁 泣 泣	읍 울다
斬	亘 車 斬 斬	참 베다
馬	丨 厂 巨 馬 馬	마 말
謖	言 訂 評 課 謖 謖	속 오르다

泣血	筆順	音·訓
泣	丶 冫 氵 汁 泣 泣	읍 울다
血	ノ 丨 冂 皿 血	피 혈

處斬	筆順	音·訓
處	广 虍 虜 處 處	처 곳
斬	亘 車 斬 斬	참 베다

競馬	筆順	音·訓
競	亠 立 音 竟 竸 競	경 겨루다
馬	丨 厂 巨 馬 馬	마 말

泣斬馬謖									
	` ` 氵 汁 泣 泣								
	읍 울다								
	亘 車 軒 斬								
	참 베다								
	丨 厂 巨 馬 馬								
	마 말								
	言 訂 評 謂 謖 謖								
	속 오르다								

泣涕									
	` ` 氵 汁 泣 泣								
	읍 울다								
	氵 氵 浐 涕 涕 涕								
	체 눈물								

泣訴									
	` ` 氵 汁 泣 泣								
	읍 울다								
	二 亖 言 訂 訢 訴								
	소 하소연할								

斬屍									
	亘 車 軒 斬								
	참 베다								
	ㄱ ㅋ 尸								
	시 주검								

騎馬									
	丨 厂 丌 馬 騎 騎								
	기 말타다								
	丨 厂 巨 馬 馬								
	마 말								

民貴君輕(민귀군경)

백성이 존귀하고 임금은 가볍다.

民 : 민 백성	民族(민족)	民衆(민중)	庶民(서민)
貴 : 귀 귀하다	稀貴(희귀)	貴賓(귀빈)	貴賤(귀천)
君 : 군 임금	君臣(군신)	郎君(낭군)	檀君(단군)
輕 : 경 가볍다	輕蔑(경멸)	輕減(경감)	輕薄(경박)

흔히 국회의원이 일반인보다 좋은 점이 500가지나 있다고 한다. 그렇다 보니 일단 당선만 되고 보자는 식으로 한 달 동안 선거운동을 열심히 한다. 이런 상황을 보면서 느끼는 것은 유권자들이 참 잘 잊어버린다는 것이다. 유권자들은 각 후보들이 선거운동할 때만 유권자를 왕으로 모신다는 것을 알아야 한다. 지금까지 몇 십 년을 그렇게 해왔는데도 불구하고 유권자들은 4년마다 이를 잊고 한 번 더 믿어 보자고 한다. 그러나 결국 유권자들은 정치인들에게 또 속고 있는 것이다.

2011년을 대표하는 사자성어로 교수들이 뽑은 것은 '민귀군경(民貴君輕)'이다. 이 성어는 "백성이 존귀하고 임금은 가볍다"는 뜻으로 백성을 주인으로 알고, 백성의 소리를 귀담아 정사를 펼쳐야 한다는 뜻을 가지고 있다. 이 '민귀군경'은 『맹자』「진심장구하」에 나오는 말로 그 해당 구절은 다음과 같다.

> 맹자께서 말씀하시기를, 어질지 못한 자가 나라를 얻은 적은 있지만, 어질지 못한 자가 천하를 얻는 일은 일찍이 없었다고 하셨다.(孟子曰 不仁而得國者有之矣 不仁而得天下未之有也) 백성이 존귀하고 사직은 그 다음이며 임금은 가볍다고 하셨다.(民爲貴 社稷次之 君爲輕)

> 또, 맹자께서 말씀하시기를, 그러므로 미천한 사람의 마음을 얻은 이는 천자가 되고, 천자에게 신임을 얻은 이는 제후가 되고 제후에게 신임을 얻은 이는 대부가 된다고 하셨다.(孟子曰 是故得乎丘民而爲天子 得乎天子爲諸侯 得乎諸侯爲大夫)

맹자는 어질지 못한 자가 나라를 얻은 적이 있지만, 어질지 못한 자가 천하를 얻은 적은 없다고 하였다. 한 나라는 힘으로 제압을 할 수 있지만, 패제후(覇諸侯)는 힘으로만은 안 된다는 뜻이다. 바로 백성들이 원하고 지지를 해줘야 패권을 잡을 수 있다는 것이다.

또, 백성은 존귀하고 사직은 그 다음이며 임금은 가볍다고 하여 백성이 존귀함을 말하고 있다. 이 말은 다음에 나온 구절이 그 증거이다. 미천한 사람들(백성)의 마음을 얻으면 천자가 되지만 천자의 마음을 얻어야 제후가 될 뿐이라고 하였다. 아무리 고귀한 천자의 마음을 얻어봐야 될 수 있는 것은 제후이지만, 백성의 마음을 얻기만 하면 천자가 될 수 있다고 하여 백성이 귀중하다는 것을 맹자께서 강조하신 것이다.

백성을 주인으로 알고, 백성의 소리를 귀담아 정사를 펼쳐야 패제후 할 수 있다. 임금이 백성 위에 군림할 수 없다는 말이기도 하다. 맹자는 '백성을 갓난아이 돌보듯 하라'는 말을 남기기도 했다. 그렇기에 조선시대 유학자들은 백성이 가장 무섭다고 하였다.

주나라 무왕은 은(殷)나라 주(紂) 임금을 치러 갈 때 백성들의 원한이 하늘을 찌르고 백성들이 원하기에 행동으로 옮겼다고 말하였다. 역대로 왕조를 바꾼 사람들이 가장 먼저 내건 것이 바로 백성이 원하기 때문이라는 것이다. 이는 현대에 와서도 마찬가지이다. 5 · 16이나 12 · 12의 쿠테타에서도 국민이 원한다고 말하고 있다. 그러나 이들이 진정 백성(국민)을 위하여 한 것이겠는가. 패권을 잡은 사람들이나 쿠테타를 성공한 사람들이 과연 백성의 마음을 얻으려고 이렇게 했을까.

학생들에게 말한다. 요즘은 예전과 달리 백성들을 위정자들이 무서워하고 있다. 그 중에 한 가지가 바로 'SNS'이다. 'SNS'는 "소셜 네트워크 서비스"의 약자로 "온라인상에서 친구, 선후배, 동료 등 지인들과의 관계망을 구축해주고 이들의 정보 관리를 도와주는 서비스"를 말한다. 실시간으로 그때 그때의 일을 바로 서비스 해주고 있어서 이를 위정자들이 무서워하고 있는 듯하다. 이제는 백성이 존중받아야 하는 대상임을 위정자들이 알도록 해주어야 한다. 선거에서 제대로 된 후보를 뽑아서 국민이 무서운 존재임을 알도록 해야 한다. 더 이상 자신의 텃밭이라고 해서 당선되는 일이 없도록 대학생들이 노력해야 한다.

民貴君輕	ㄱ ㅋ 巳 巳 民
	민 백성
	口 中 虫 甹 貴 貴
	귀 귀하다
	ㄱ ㅋ 尹 君 君
	군 임금
	亘 車 輕 輕 輕 輕
	경 가볍다

民族	ㄱ ㅋ 巳 巳 民
	민 백성
	亠 方 方 方 族 族
	족 겨레

稀貴	禾 禾 秒 秒 稀 稀
	희 드물다
	口 中 虫 甹 貴 貴
	귀 귀하다

君臣	ㄱ ㅋ 尹 君 君
	군 임금
	一 丅 弓 弓 臣
	신 신하

輕蔑	亘 車 輕 輕 輕 輕
	경 가볍다
	艹 苎 苗 芦 蔑 蔑
	멸 업신여기다

民貴君輕	ㄱ ㄱ 巨 民 民
	민 백성
	口 中 虫 冉 冑 貴
	귀 귀하다
	ㄱ ㅋ 尹 君 君
	군 임금
	亘 車 車 軖 輕 輕
	경 가볍다

民衆	ㄱ ㄱ 巨 民 民
	민 백성
	宀 血 血 尹 尹 衆
	중 무리

貴賓	口 中 虫 冉 冑 貴
	귀 귀하다
	宀 宀 穷 穷 賓 賓
	빈 손님

郎君	丶 自 良 郎 郎
	낭 사내
	ㄱ ㅋ 尹 君 君
	군 임금

輕減	亘 車 車 軖 輕 輕
	경 가볍다
	氵 氵 泝 減 減
	감 덜다

黨同伐異(당동벌이)

무조건 같은 파의 사람은 편들고, 다른 파의 사람을 배격함.

黨 : 당 무리	野黨(야당)	創黨(창당)	地區黨(지구당)
同 : 동 한 가지	同伴(동반)	同胞(동포)	同僚(동료)
伐 : 벌 치다	討伐(토벌)	間伐(간벌)	濫伐(남벌)
異 : 이 다르다	異端(이단)	異邦(이방)	異樣船(이양선)[1]

현재 우리 사회의 가장 큰 문제점은 양극화라 할 수 있다. 양극화는 여러 가지로 말할 수 있는데, 빈부의 양극화, 진보와 보수의 양극화 등이 대표적이다.

선거를 치르는 동안을 보면 진보와 보수가 나라를 반으로 갈라놓고 있다. 선거 결과를 지도로 놓고 보면 그야말로 가관이다. 그리고 두 진영 간에는 타협이 존재하지 않는다. 그런데 이러한 구도는 조선시대에서도 엄연히 존재했다.

조선시대는 사색당파(四色黨派)라 하여 그 정도가 더 심했다. 사색당파는 선조대에 이조전랑 자리를 두고 시작되었다. 이조전랑은 언론 3사인 사간원, 사헌부, 홍문관의 관리 채용과 방출의 권한이 있었다. 그렇기에 학식과 청렴, 그리고 성품이 좋은 사람이 발탁되었다. 그런데 당시에 김효원이 이조전랑에 천거되었는데 심의겸이 이를 반대했다. 이 때 김효원은 동대문쪽에, 심의겸은 서대문쪽에 살았기에 동인과 서인으로 나누어졌다. 동인은 야은 길재의 영향을 받은 영남지역 선비들이 주류를 이뤄 '영남학파'라 하였고, 서인은 기호지방, 즉 경기와 충청도 지방 선비들이 주류를 이뤄 '기호학파'로 불렸다. 그 사상적 지향에 있어서도 동인은 현실비판적 성향이었고, 서인은 상대적으로 현실지향적 성향이었습니다. 그리고 동인은 다시 남인과 북인으로, 서인은 소론과 노론으로 나누어진다.

남인과 서인의 대표적인 논쟁은 바로 북벌론에 있었다. 병자호란 이후 서인은 패전의 책임을 회피하고 소현세자의 죽음과 효종이 심양에 볼모로 있었던 것을 기화로 하여 송시열 등은 북벌론을 주장하였다. 반대로 남인은 허

1) 이상한 모양의 배라는 뜻으로, 조선 말기에 연해에 출현했던 외국의 선박을 이르던 말.

목이 중심이 되어 북벌론이 당시 상황에 맞지 않는다고 반대를 표한다.

그리고 서인과 남인의 최대 격론은 바로 예송논쟁이었다. 예송논쟁은 효종이 죽은 뒤 효종의 계모인 조대비가 상복을 얼마 동안 입어야 하는가에 대한 논쟁이었다. 서인은 효종이 차남이기에 조대비가 1년 상복을 입어야 한다고 하였고, 남인들은 효종이 왕위를 계승했으니 장남으로 간주하여 3년 상복을 입어야 한다고 주장하였다. 결국 서인의 거두인 송시열의 주장이 받아들여져 조대비는 1년 상복을 입고, 남인의 거두인 허목은 삼척부사로 축출되었다. 효종의 아내이자 현종의 어머니인 인선왕후가 죽었을 때도 이와 같은 예송논쟁이 벌어졌다.

중국도 우리와 별반 다를 것이 없다. 『후한서』「당동전(黨同傳)」에 보면, 후한(後漢)에서는 제4대 화제(和帝) 이후로 역대 황제가 모두 어린 나이에 즉위했다. 그래서 황태후가 섭정을 하고, 그 일족인 외척이 권력을 잡았다. 그 외척에 대항하여 이를 타도하는 역할을 주로 한 것이 환관(宦官)들이었다. 그리하여 후한 말기에는 외척과 환관이 번갈아 권력을 장악하는 등 정치 상황이 부패하였다.

이러한 외척이나 환관에 의한 정치에 강한 불만을 품은 계층이 지방의 호족이나 양반 출신의 지식인들이었다. 그들은 중앙과 지방의 강직한 관료를 중심으로 당파를 결성하여 외척이나 환관의 정권에 대항했다. 그리하여 서로 세력을 다투는 격심한 삼파전이 전개되었다. 환관당은 이윽고 외척 세력을 궤멸시키고, 지식인당에 대해서도 철저한 탄압을 가했다. 그 결과 정치를 맡아 보아야만 할 지식인 관료층이 완전히 황실을 저버리게 되어 후한 왕조는 자멸의 길을 걷게 되었다.

대한민국의 정부도 조선시대나 중국과 별반 다를 것이 없었다. 자기와 같은 편에 있는 사람들은 다 옳고 다른 편은 그르다고 말한다. 그런데 당적이 바뀌면 또 다른 말을 하고 있다.

학생들에게 말한다. 어떠한 상황이든간에 자신의 소신이 중요하다. 내 스승이 말했다고 해서, 내 선배가 말했다고 해서 그 말이 다 옳은 것은 아니다. 학연, 지연을 떠나서 그 사람의 주장이 무엇인가를 판단할 수 있어야 한다. 그저 내가 아는 사람이라고 해서 편들어서는 안 된다. 진정으로 옳다고 여기면 남들이 다 아니라고 할 때 옳소를 외칠 수 있어야 한다. 이것이 진정으로 용감한 사람이다.

黨同伐異	획순 / 음훈								
黨	⺍ 尚 當 黨 黨								
	당 무리								
同	丨 冂 冂 同								
	동 한 가지								
伐	丿 亻 仁 代 伐 伐								
	벌 치다								
異	冂 田 田 畀 畀 異								
	이 다르다								

野黨	획순 / 음훈								
野	日 甲 里 野 野 野								
	야 들								
黨	⺍ 尚 當 黨 黨								
	당 무리								

同伴	획순 / 음훈								
同	丨 冂 冂 同								
	동 한 가지								
伴	亻 亻 伫 伴								
	반 짝								

討伐	획순 / 음훈								
討	言 言 訁 討 討								
	토 치다								
伐	丿 亻 仁 代 伐 伐								
	벌 치다								

異端	획순 / 음훈								
異	冂 田 田 畀 畀 異								
	이 다르다								
端	亠 立 竗 端 端								
	단 끝								

黨同伐異	
黨	丷 尙 當 黨 黨
	당 무리
同	丨 冂 冋 同
	동 한 가지
伐	丿 亻 仁 代 伐 伐
	벌 치다
異	冂 田 田 毘 異 異
	이 다르다

創黨	
創	亼 今 倉 倉 創
	창 비롯하다
黨	丷 尙 當 黨 黨
	당 무리

同胞	
同	丨 冂 冋 同
	동 한 가지
胞	丿 月 肑 肑 胞
	포 세포

間伐	
間	丨 𠃍 ㅑ 門 門 間
	간 사이
伐	丿 亻 仁 代 伐 伐
	벌 치다

異邦	
異	冂 田 田 毘 異 異
	이 다르다
邦	三 丰 邦 邦
	방 나라

螳螂拒轍(당랑거철)

사마귀[螳螂]가 앞발을 들고 수레바퀴를 가로막는다.

螳 : 당 버마재비(사마귀)			
螂 : 랑 버마재비	螂蹴(랑축)[1]	螂蛆(랑저)[2]	
拒 : 거 막다	抗拒(항거)	拒逆(거역)	峻拒(준거)[3]
轍 : 철 바퀴자국	轉轍(전철)	途轍(도철)[4]	轍鮒(철부)[5]

잔인한 4월이 왔다. 외국에서는 왜 4월을 잔인한 달이라 했는지 모르겠지만, 한국에서의 4월은 그 의미가 강하다. 대한민국에서 민주화 열기가 처음으로 타올랐던 적이 바로 4·19의거이다. 4·19 때 자유당 정권의 은폐를 막은 것이 바로 국민이다. 국민은 허술하거나 바보가 아니다.

그러나 정권의 실세들은 아직 국민을 바보로 여기고 있다. 1986년 박종철 서울대 학생이 경찰서에서 고문을 당하다가 죽었는데, 다음날 경찰 관계자의 말이 아주 가관이었다. "책상을 쾅하고 쳤더니 윽하고 죽었다." 이 말을 누가 믿겠는가. 자신들이 한 말임에도 불구하고 어처구니가 없었던지 경찰 관계자들은 계속 말을 바꾸었다. 다음해 연세대 이한열 학생이 머리에 최루탄을 맞아 죽었다. 공권력의 횡포가 극에 달했다. 이러한 일련의 사건이 1987년 6월 항쟁의 도화선이 되었다.

이제 2012년이다. 1987년 6월로부터 25년이나 세월이 흘렀다. 그런데도 공권력의 실세들은 아직도 전에 자신들이 하던 짓을 그대로 하고 있다. 자신들에게 불리한 것은 은폐와 조작을 일삼으며 자신들이 필요한 것만 드러내고 있다. 국민은 변했는데 국민을 대하는 공권력의 실세들은 예전과 같은 방법으로 일을 처리하려고 하니 일처리가 제대로 되지 않는 듯하다. 그러다 보니 무리수가 터지는 것이다.

이와 같은 이야기가 『한시외전(韓時外傳)』「권팔(卷八)」과 『회남자(淮南

1) 자나방의 애벌레.
2) 지네를 말린 것.
3) 매우 엄격하고 정중한 태도로 거절함.
4) 방법이나 수단.
5) 수레바퀴 자국에 괸 물에 있는 붕어라는 뜻.

子)』「인간훈(人間訓)」에 나오는데, 그 내용은 다음과 같다.

> 춘추시대, 제(齊)나라 장공(莊公) 때의 일이다. 어느 날, 장공이 수레를 타고 사냥터로 가던 도중 웬 벌레 한 마리가 앞발을 '도끼처럼 휘두르며[螳螂之斧]' 수레바퀴를 칠 듯이 덤벼들었다. 이를 본 장공이 "허, 맹랑한 놈이군. 저건 무슨 벌레인고?"라고 묻자 수레를 호종하던 신하가 "사마귀라는 벌레이옵니다. 앞으로 나아갈 줄만 알지 물러설 줄은 모르는 놈이온데, 제 힘도 생각지 않고 강적에게 마구 덤벼드는 버릇이 있사옵니다."라고 대답하였다. 이에 장공은 고개를 끄덕이면서 "저 벌레가 인간이라면 틀림없이 천하 무적의 용사가 되었을 것이다. 비록 미물이지만 그 용기가 가상하니, 수레를 돌려 피해가도록 하라."라고 말했다.

이 이야기는 『莊子』의 「인간세편」에도 나오는데, 다음과 같다.

> 어느 날 장자는 제자들에게 질문을 받았다. 그 물음에 "광포하기 이를 데 없고 지혜 없는 군왕을 섬기는데 어떻게 하면 좋습니까?"라고 하니, 장자는 "우선은 신중하게 자신의 행동을 바로 잡아서 상대방으로 하여금 감화하도록 힘을 써야 한다. 상대를 대할 때에 사마귀처럼 두 발을 치켜들고 수레바퀴에 덤비는 듯한 행동은 제 소임을 다하지 못한 것이다."라고 대답하였다.

이렇듯 '당낭거철(螳螂拒轍)'은 "사마귀가 앞발을 들고 수레바퀴를 가로막는다"는 뜻으로 곧 미약한 자신의 분수도 모르고 함부로 날뛰는 것을 비유하는 성어이다. 장공은 사마귀의 행동을 무엇이라도 해 보겠다는 의지로 받아들여 그 행동을 좋게 보았다. 그러나 장자는 사마귀와 같은 행동은 하지 말아야 할 행동임을 말하고 있다. 그렇기에 이 말에는 장·단점을 다 가지고 있다고 하겠다.

학생들에게 말한다. 중요한 것은 당시의 상황을 잘 파악했느냐에 있다. 진정 자기가 잘못이 있다면 바로 사죄하고 있는 그대로를 말해야 한다. 자신의 체면, 지금까지 쌓아 온 공이 다 무너져 내릴까 걱정하여 거짓을 말하며 허세를 부리면 더 큰 화가 올 수 있다. 위정자는 국민들에게 있는 그대로를 보여주는 자세가 필요하다. 그리고 국민을 무서워 할 줄 알아야 한다.

螳螂拒轍		
螳	口 虫 虫⺍ 虫⺌ 蛍 螳	당 버마재비
螂	口 虫 蚎 蜋 蜋阝 螂	랑 버마재비
拒	扌 扌 扩 拒 拒	거 막다
轍	亘 車 軠 輔 輔 轍	철 바퀴 자국

螂蹴		
螂	口 虫 蚎 蜋 蜋阝 螂	랑 버마재비
蹴	𧾷 𧾷 跍 踪 蹴 蹴	축 차다

抗拒		
抗	扌 扌 扩 抗	항 막다
拒	扌 扌 扩 拒 拒	거 막다

轉轍		
轉	亘 車 軻 轉 轉 轉	전 구르다
轍	亘 車 軠 輔 輔 轍	철 바퀴 자국

螳螂拒轍	
	口 虫 虫⺌ 虫⺌ 蛍 螳
	당 버마재비
	口 虫 虫⺕ 蜋 蜋阝 螂
	랑 버마재비
	亅 扌 扌厂 扌戸 拒
	거 막다
	亘 車 車亠 輔 輔⺈ 轍
	철 바퀴 자국

螂蛆	
	口 虫 虫⺕ 蜋 蜋阝 螂
	랑 버마재비
	口 虫 虫冂 蛆
	저 구더기

拒逆	
	亅 扌 扌厂 扌戸 拒
	거 막다
	丷 屰 屰 丶屰 辶屰 逆
	역 거스리다

途轍	
	𠆢 亼 佘 余 涂 途
	도 길
	亘 車 車亠 輔 輔⺈ 轍
	철 바퀴 자국

孔子穿珠(공자천주)

공자가 구슬을 꿴다.

孔 : 공 구멍	瞳孔(동공)	孔雀(공작)	鼻孔(비공)[1]
子 : 자 아들	椅子(의자)	箱子(상자)	帽子(모자)
穿 : 천 뚫다	穿鑿(천착)	穿壙(천광)[2]	穿籬菜(천리채)[3]
珠 : 주 구슬	黙珠(묵주)	珠簾(주렴)	念珠(염주)[4]

4월 첫 주에 2012년 야구 시즌이 개막을 하였다. 프로야구는 5공화국의 정권 유지를 위한 방안으로 출범되었지만, 지금은 전 국민에게 사랑을 받는 운동으로 자리 잡았다. 각 구단은 올해 700만 관중을 목표로 열심히 하려는 모습을 보여주고 있다.

그런데 야구에 대한 높은 열기를 자칫 기존 구단들이 찬물을 끼언지려 한다. 그 내용이 뭐냐 하면 제9구단인 NC는 2013년 1군 리그에 들어올 수 없다는 것이다. NC가 창단될 때도 롯데는 아주 강하게 반대를 했다. 왜냐하면 롯데는 부산과 경남을 연고지로 하고 있는데 NC가 창원을 중심으로 창단을 하여서 경남의 팬을 뺏길 가능성이 높았졌기 때문이다. 여기에 다른 구단이 가세해서 NC의 1군 진입을 반대하고 있다. 반대 이유는 아직 실력이 모자란다, 비용을 다 댈 수 있겠느냐, 현재 국민의 숫자로 볼 때 8구단이 적합하다는 것이다. 그런데 속내는 조금 다른 듯하다.

어른과 아이는 경쟁 상대일 수 없다. 아무것도 모르는 신생 구단이 생기면 잘 설 수 있도록 기존 구단들이 도와주어야 한다. 그리고 신생 구단이 기존 구단보다 잘 하는 것이 있으면 그 노하우를 기존 구단이 배워야 한다. 신생 구단에게 배우고, 이들과 같이 일을 한다는 것을 창피해하면 안 된다.

공자는 배우는 것을 무척이나 좋아한 분이다. 예(禮)를 배움에 있어서 당시 이단으로 배제하였던 노자에게까지 찾아가서 예를 배웠을 정도였으니 배우는 것에 얼마나 열의가 있었는가를 알 수 있다.

---

1) 코에 뚫린 구멍.
2) 상례(喪禮)에서, 관을 묻을 구덩이를 팜. 또는 그 구덩이.
3) 절에서 '닭고기'를 이르는 말.
4) 볏과에 속한 한해살이풀. 백팔염주.

『논어』「공야장편」을 보면, "자공이 공자에게 물어 말하기를, 공문자를 어찌하여 문이라 시호를 하셨습니까(子貢問曰, "孔文子何以謂之文也?)" 하니 공자께서 말씀하시기를, "아랫사람에게 묻기를 부끄러워하지 않는지라 이로써 문이라 이른 것(不恥下問, 是以謂之文也.)"이라 하여 아랫사람에게 묻는 것을 부끄러워하지 말라고 하였다. 공문자는 자신이 모르는 것이 있을 때 아랫사람에게도 물은 것인데, 공자는 공문자의 이런 점을 높이 산 것이다.

이와 같은 의미의 성어로 "공자천주(孔子穿珠)"가 있다. 이 성어는 자기보다 못한 사람에 묻는 것이 부끄러운 일이 아님을 일깨워주는 뜻을 가지고 있다. 공자천주(孔子穿珠)는 중국 송나라 때 책인 『조정사원(朝庭事苑)』에 나오는데, 그 내용을 보면 다음과 같다.

> 공자가 진나라를 지날 때의 일이다. 어느 날 공자는 아홉 구비나 구부러진 구멍이 있는 구슬을 얻어 실에 꿰려고 했지만 번번이 실패했다. 여러 방향으로 돌려가며 실로 구슬을 꿰려 했으나 꿰어지지 않았다. 구슬에 실 꿰기를 실패한 공자는 아낙이라면 실로 꿰는 방법을 알 것이라 생각하여 근처에서 뽕을 따는 아낙에게 물었다. 그 아낙은 "곰곰이 생각하십시오, 생각을 조용히 하십시오(密爾思之 思之密爾)"라고 대답하였다. 아낙의 말에서 공자는 '密'이 '蜜'을 뜻한다는 것을 알아내고는 개미를 잡아 허리에 실을 묶어서 반대편 구멍에 꿀을 넣고 개미가 그곳으로 가도록 하고, 또 반대 구멍에 꿀을 넣어 개미가 또 지나가게 하여 구슬을 실로 꿰울 수 있었다.

만약 공자가 스스로 높은 사람이라 생각하여 아낙에게 구슬 꿰기를 물어보지 않았다면 공자는 구슬을 실로 꿰지 못했을 것이다. 구슬을 꿰는 등의 일은 아낙이 공자보다 더 잘했을 것이다. 그래서 공자는 아낙에게 구슬 꿰는 방법을 물어 본 것이고, 결국 공자는 아낙에게서 실로 구슬을 꿰는 방법을 알아냈다.

학생들에게 말한다. 돈이 많다고 하여, 권력이 높다고 하여, 힘이 세다고 하여 자신보다 못한 사람을 멸시하고 천대해서는 안 된다. 사람들은 누구나 다 똑 같은 존재들이다. 있는 사람들이 없는 사람을 상대로 힘들게 해서는 안 된다. 그리고 모르는 것이 있을 때는 반드시 알아내야 한다. 그 대상이 후배일지라도 찾아가서 물어야 한다. 그래야 진정으로 내 것이 되는 것이다.

孔子穿珠	㇇ 了 子 孔								
	공 구멍								
	子 子 子 子 子 子								
	자 아들								
	宀 穴 空 穻 穾 穿								
	천 뚫다								
	一 二 王 玝 玵 珠								
	주 구슬								
瞳孔	目 盵 眝 睟 瞕 瞳								
	동 눈동자								
	㇇ 了 子 孔								
	공 구멍								
倚子	ノ 亻 仁 仾 依								
	의 의지하다								
	子 子 子 子 子 子								
	자 아들								
穿鑿	宀 穴 空 穻 穾 穿								
	천 뚫다								
	业 丵 丵 鑿 鑿 鑿								
	착 뚫다								
默珠	冂 冈 四 罒 黑 墨								
	묵 묵묵하다								
	一 二 王 玝 玵 珠								
	주 구슬								

孔子穿珠	
孔	乛 了 孑 孔
	공 구멍
子	子 子 子 子 子 子
	자 아들
穿	宀 穴 穵 穸 空 穿
	천 뚫다
珠	一 二 王 玗 玝 珠
	주 구슬

孔雀	
孔	乛 了 孑 孔
	공 구멍
雀	亅 小 少 㞢 雀 雀
	작 참새

箱子	
箱	⺮ 竺 笁 箱 箱
	상 상자
子	子 子 子 子 子 子
	자 아들

穿壙	
穿	宀 穴 穵 穸 空 穿
	천 뚫다
壙	土 圹 垆 墉 壙 壙
	광 광

珠簾	
珠	一 二 王 玗 玝 珠
	주 구슬
簾	⺮ 竺 笉 簾 簾 簾
	렴 발

狗猛酒酸(구맹주산)

개가 사나우면 술이 시어진다.

狗 : 구 개	狗竊(구절)	鬪狗(투구)	獵狗(엽구)[1]
猛 : 맹 사납다	勇猛(용맹)	猛暑(맹서)	猛犬(맹견)
酒 : 주 술	麥酒(맥주)	燒酒(소주)	濁酒(탁주)
酸 : 산 시다	炭酸(탄산)	窒酸(질산)	核酸(핵산)[2]

고려와 조선시대에 외척의 득세는 대단했다. 오죽하면 태종은 아들 세종이 외척에게 휘둘리지 않도록 무자비하게 외척을 정리하였다. 그러나 조선 후기로 가면서 외척의 득세는 절정을 이루어 임금이 정사를 제대로 펼칠 수 없을 정도였다.

일제강점기를 거쳐 이승만 정부가 섰는데, 국부(國父)의 신망을 얻었던 이승만은 아랫사람들을 잘못 두어 실제 정치 상황을 제대로 알지 못했다. 이승만은 6 · 25 전쟁이 터졌는데도 제대로 상황을 파악하지 못했다. 결국 이승만 정부는 4 · 19 의거로 인해 무너진다.

4 · 19 의거로 정국이 어수선 할 때 쿠테타로 정권을 잡은 박정희 군사정부는 이전 이승만 정부의 부정부패를 비난하면서 '잘살아보세'를 구어로 삼아 경제성장을 꾀하였다. 그런데 박정희 군사정부도 자신들의 정권을 유지하기 위하여 무리수를 두어가며 장기 집권을 꾀하였다. 18년간 정권을 잡은 박정희는 처음 쿠테타로 정권을 잡을 때보다 부정부패가 극에 달하였다. 특히, 박정희라는 1인자의 눈에 들기 위해 비서실장, 중앙정보부장 등이 서로 경쟁을 하였다. 결국 박정희는 이를 정비하지 못하여 10 · 26으로 정권의 막을 내린다.

결국 통치자는 자신의 부하를 제대로 파악할 수 있는 안목이 있어야 한다. 자신에게만 충성하려는 간신배들이 없는가를 잘 파악해야 한다. 이와 관련이 있는 성어가 바로 '구맹주산(狗猛酒酸)'이다. 그 뜻은 "원래는 개가 사나우면 술이 시어진다는 것"으로, "한 나라에 간신배가 있으면 어진 신하가 모

1) 사냥할 때 부리기 위하여 길들인 개.
2) 모든 생물의 세포 속에 들어 있는 고분자 유기물의 일종.

이지 않는다"는 뜻이다. '구맹주산'은 『한비자』에 나오는데, 한비자(韓非子)가 비유를 들어 설명한 내용은 다음과 같다.

> 송(宋)나라 어느 고을에 술을 파는 아름다운 주모(酒母)가 있었다. 주모는 미모(美貌)도 아름답거니와 술 빚는 솜씨도 훌륭하여 술맛 또한 일품이었고, 오는 손님들에게도 빈부귀천의 차별 없이 공손히 대접했다. 그리고 항상 술의 양을 속이지 않고 정직하게 파는 모범적인 사람이었는데, 언제부터인가 다른 집보다 술장사가 잘되지 않았다.
>
> 이상하게 생각한 그는 마을 어른 양천에게 그 이유를 물어 보았다. 그랬더니 양천이 주모에게 물었다.
>
> "자네 집의 개가 사나운가?"
>
> "그렇습니다만, 개가 사납다고 술이 안 팔린다니 무슨 이유입니까?"
>
> "사람들이 사나운 개를 두려워하기 때문이지. 어떤 사람이 어린 자식을 시켜 호리병에 술을 받아 오라고 시켰는데 술집 개가 덤벼들어 그 아이를 물었다고 생각보오. 그래서 술이 안 팔리고 맛은 점점 시큼해지는 거요."
>
> 라고 하였다.

이와 같이 나라를 잘 다스릴 수 있는 어진 신하가 아무리 옳은 정책을 군주에게 아뢰고자 해도 조정 안에 간신배가 많으면 좋은 정책이라도 군주에게 이르는 것이 불가능함을 강조한 말이다.

학생들에게 말한다. 『논어』「학이편」을 보면 "나는 날마다 세 번 나 자신을 반성한다. 다른 사람을 위해 도모하는 데 진심을 다하지 않았는가? 벗들과 사귀면서 믿음이 없었는가? 전수받은 것을 익히지 않았는가?(吾日三省吾身 爲人謀而不忠乎 與朋友交而不信乎 傳不習乎)" 라는 구절이 있다. 증자가 한 이 말 중 '다른 사람을 위해 도모하는 데 진심을 다하지 않았는가'를 잘 생각해야 한다. 자신이 어느 사람을 위해서 일할 때는 그 사람에게 충성을 다해야 한다. 그리고 자신이 나중에 사나운 개로 변할지 모르는 일이다. 어느 순간 자신이 그 위치에 설 수도 있으니 자신이 그렇게 되었을 때 스스로를 바꾸어야 한다. 문제는 자신의 모습을 자신이 볼 수 없다는 것에 있다. 그러니 정말로 조심해야 한다.

한자	필순 / 음훈
狗猛酒酸	丿 犭 犭 犳 狗 구 개
	丿 犭 犭 犭 猛 猛 맹 사납다
	氵 汀 洒 酒 주 술
	酉 酉 酉 酉 酸 酸 산 시다

한자	필순 / 음훈
狗竊	丿 犭 犭 犳 狗 구 개
	竊 竊 竊 竊 竊 竊 절 훔치다

한자	필순 / 음훈
勇猛	マ マ 甬 甬 勇 勇 용 용감하다
	丿 犭 犭 犭 猛 猛 맹 사납다

한자	필순 / 음훈
麥酒	一 十 來 來 麥 麥 맥 보리
	氵 汀 洒 酒 주 술

한자	필순 / 음훈
炭酸	山 山 岸 岸 炭 탄 숯
	酉 酉 酉 酉 酸 酸 산 시다

한자	필순	음·뜻
狗	ノ 犭 犭 犳 狗	구 개
猛	ノ 犭 犭了 犭子 猛 猛	맹 사납다
酒	氵 汀 洒 酒	주 술
酸	酉 酉 酢 酢 酸 酸	산 시다

한자	필순	음·뜻
鬪	𠂆 𠂆 鬥 鬥 鬪 鬪	투 싸움
狗	ノ 犭 犭 犳 狗	구 개

한자	필순	음·뜻
猛	ノ 犭 犭了 犭子 猛 猛	맹 사납다
暑	日 日 旦 暑 暑 暑	서 덥다

한자	필순	음·뜻
燒	丶 火 灶 燒 燒 燒	소 사르다
酒	氵 汀 洒 酒	주 술

한자	필순	음·뜻
窒	宀 穴 空 窒 窒	질 막다
酸	酉 酉 酢 酢 酸 酸	산 시다

人心最深(인심최심)

사람의 마음이 가장 깊다.

人 : 인 사람	戀人(연인)	商人(상인)	演藝人(연예인)
心 : 심 마음	關心(관심)	心臟(심장)	童心(동심)
最 : 최 가장	最古(최고)	最善(최선)	最惡(최악)
深 : 심 깊다	深淵(심연)	深層(심층)	深潭(심담)[1]

요즘 항간에 떠도는 말 중에 '인면수심(人面獸心)'이 있다. 사람의 형상을 하고 짐승의 마음을 가졌다는 뜻이다. 2012년 8월에 있었던 나주 어린이 성폭행범에게 하는 말이다. 성폭행범이 현장 검증을 할 때 주변에 있던 사람들은 다 치를 떨고 울분을 삼키지 못했다. 모자를 벗겨라, 마스크를 치워라 하며 얼굴을 공개하라고 하였다. 그리고 성폭행범은 그 집에 남편이 언제 출장을 가는지까지 철저히 관찰한 후에 범행을 저질렀다. 그 성폭행범이 바로 한 동네의 아저씨였다. 진정 이것을 사람이 한 짓이냐고 반문할 수밖에 없는 상황이다.

그런데 이러한 일이 최근 들어 자주 발생한다는 데에 문제가 있다. 아무 이유없이 지나가는 사람을 칼로 베고, 전에 있던 회사 동료에게 앙심이 있어서 길에서 칼로 찌르고 위협을 하는 등의 험악한 일을 자행하고 있다. 이는 사람이 인성을 제대로 교육시키지 못해서 오는 현상이다.

『대동기문(大東奇聞)』에 보면 조선말기 안동 김씨 세력에 시초의 문을 열어준 정순왕후가 영조의 계비로 간택될 때 있었던 일에 대한 이야기가 있다. 그 내용을 보면 다음과 같다.

> 영조가 친히 왕후를 간택할 때 사대부집안 처녀들을 궁중에 모았는데, 정순왕후만 유독 자리를 피하여 앉거늘 임금이 물어 가로되, "어째서 피하는가?"라고 묻자 아비 이름이 여기 있으니 어찌 감히 자리에 앉겠습니까" 라고 답변하였다. 그 이유는 왕후를 간택할 때 방석 위에 아버지 이름을 방석의 끝에 써놓기 때문이다.

1) 깊은 연못.

> 임금이 간택에 참여한 사람들에게 다음으로 "어떤 물건이 가장 깊은가?" 라고 묻자 한 명씩 말하였다. 누구는 산이 깊으며 누구는 물이 깊다 라며 의견이 일치하지 않았는데 이때 정순왕후 홀로 "사람 마음이 가장 깊습니다" 라고 답변했다. 영조가 그 이유를 묻자 "물건의 깊이는 잴 수 있지만, 사람 마음은 잴 수 없습니다." 라고 답변했다.
>
> 그 후에 영조가 다시 "어떤 꽃이 가장 좋은가?" 라고 묻자 누구는 복숭아꽃이라 하고, 누구는 모란꽃이라 하고, 또는 해당화라 하면서 의견이 일치하지 않았는데 정순왕후는 "면화가 가장 좋습니다."라고 답하고 영조가 그 이유를 묻자, "다른 꽃은 한때의 좋음을 넘지 못하지만, 오로지 면화는 옷과 이불로 천하에 따뜻하게 한 공이 있습니다" 라고 답변했다.
>
> 때마침 비가 쏟아졌는데 영조가 물었다, "누가 지금 기왓줄을 셀 수 있겠느냐." 라고 묻자 손가락으로 하나, 둘, 셋, 넷 모두들 일어나서 세기 시작하였는데 정순왕후는 고개를 묵묵히 앉았다가 몇 줄입니다 하고 대답하였다. 영조가 어떻게 알아냈는지 묻자 "처마에 떨어지는 물을 보고 세어서 알았습니다."고 대답하였다.

이 일화는 정순왕후의 지기가 뛰어났음을 얘기하고 있다. 이 일화에서 필자가 말하고 싶은 것은 '물건의 깊이는 잴 수 있지만, 사람 마음은 잴 수 없습니다'라는 것에 있다. 조선시대는 유교를 국시로 하는 사회였다. 그렇다 보니 사람들마다 생각하는 것이 별반 다르지 않았다.

그러나 지금은 어떤가. 사람의 인성은 중요하게 생각하지 않고 공부는 잘하는지, 외국어 실력은 좋은지, 좋은 대학을 나왔는지, 좋은 회사에 다니는지가 더 중요한 관심사가 되었다. 기본적으로 사람이 갖추어야 할 것에 대해서는 논외로 하고 있다. 이러한 상황이다 보니 고려대 의대생들이 자신의 동기에게 성추행을 하고, 지하철에서 막말과 어처구니없는 행동을 하고 있다.

학생들에게 말한다. 세상에서 제일 소중한 것은 사람이다. 사람 위에 사람 없고, 사람 밑에 사람이 없다. 옛 문헌에 '남의 부모를 자기 부모처럼 모시면 남들도 내 부모를 자신들의 부모처럼 모신다'고 하였다. 이러한 마음이면 내 가족 아닌 사람이 없다. 그러면 성폭력과 같은 일을 일삼는 파렴치한은 없을 것이다. 사람은 자신의 마음을 조율할 수 있을 때 위대한 사람이 된다는 것을 명심해야 한다.

한자	필순	음·뜻
人	丿 人	인 사람
心	丶 心 心 心	심 마음
最	冂 冃 旦 昰 最	최 가장
深	氵 氵 氵 氵 浮 深	심 깊다
戀	言 絲 絲 戀 戀 戀	연 사모하다
人	丿 人	인 사람
關	丨 門 門 閞 關 關	관 관계하다
心	丶 心 心 心	심 마음
最	冂 冃 旦 昰 最	최 가장
古	一 十 十 古 古	고 옛
深	氵 氵 氵 氵 浮 深	심 깊다
淵	氵 氵 氵 淵 淵 淵	연 못

한자	필순 / 음훈								
人心最深	丿 人								
	인 사람								
	丶 心 心 心								
	심 마음								
	冂 冃 旦 𣅀 最								
	최 가장								
	氵 氵冖 泙 深								
	심 깊다								

한자	필순 / 음훈								
商人	亠 产 产 冏 啇 商								
	상 장사								
	丿 人								
	인 사람								

한자	필순 / 음훈								
心臟	丶 心 心 心								
	심 마음								
	月 月艹 臟 臟 臟								
	장 오장								

한자	필순 / 음훈								
最善	冂 冃 旦 𣅀 最								
	최 가장								
	丷 羊 善 善 善								
	선 좋다								

한자	필순 / 음훈								
深層	氵 氵冖 泙 深								
	심 깊다								
	尸 屄 屌 層 層 層								
	층 층								

唾面自乾(타면자건)

남이 내 얼굴에 침을 뱉으면 그것이 저절로 마를 때까지 기다린다.

唾 : 타 침	唾液(타액)	唾壺(타호)	唾罵(타매)[1]
面 : 면 낯	畵面(화면)	面積(면적)	面貌(면모)
自 : 자 스스로	自尊(자존)	自律(자율)	自願(자원)
乾 : 거 마르다	乾畓(건답)[2]	乾杯(건배)	乾達(건달)

인생을 살면서 가장 힘든 것 중에 하나가 바로 사람관계이다. 누구나에게 자기를 다 좋아하게 만들 수는 없다. 왜냐하면 사람들마다 기호가 다르고 호불호가 다 다르기 때문에 모든 사람들에게 자기를 맞출 수는 없다. 그렇다고 나를 싫어하는 사람과 같이 싸울 수도 없는 일이다. 게다가 자기를 싫어하는 사람이 나보다 윗사람일 경우에는 더욱 그렇다.

만약 대학을 졸업하고 회사에 입사했을 경우 여러 가지 경우를 당할 것이다. 신입사원으로서의 억울함도 있을 수 있는데, 이는 일종의 입사식이다. 원래 입사식은 아프리카 원주민들이 하는 의식을 보고 만든 것으로 성인식이다. 이 입사식은 누구도 비켜갈 수는 없다. 흔히 하는 말로 '비켜 갈 수 없다면 즐기라'고 하였다.

어르신들은 '자기의 귀여움은 자기 등에 업고 다닌다'고 한다. 이 말은 자신이 하기에 따라서 귀여움을 받을 수 있고, 미움을 살 수도 있다는 것이다. 자기를 싫어하는 사람에게 같이 미워하고 욕을 해서는 안 된다. 언젠가는 자기를 믿을 수 있도록 오랜 시간을 가지고 기다려야 한다. 이와 관련된 사자성어가 바로 '타면자건(唾面自乾)'이다. 이 성어는 "남이 나의 낯에다 침을 뱉을 때 이를 바로 닦으면 그 사람의 뜻을 거스르는 것이 되므로 저절로 마를 때까지 기다린다"는 뜻이다. 이 성어는『십팔사략(十八史略)』에 나오는데, 내용은 다음과 같다.

당(唐)나라의 측천무후(則天武后)는 중국사상 유일한 여제(女帝)로서 약

---

1) 몹시 업신여기거나 더럽게 생각하여 침을 뱉으면서 욕함.
2) 조금만 가물어도 물이 잘 마르는 논.

15년간 전국을 지배하여 천하는 태평성대를 이루었다. 그 무렵, 측천무후의 유능한 신하 중에 누사덕(婁師德)이 있었다. 그는 성품이 온후하고 너그럽고 인자하여, 아무리 무례한 일을 당해도 그 자세에 흔들림이 없이 항상 똑같았다고 한다. 하루는 누사덕의 아우가 대주자사(代州刺史)로 임명되어 부임하려고 할 때의 일이다. 그는 동생을 불러

"우리 형제가 다 같이 출세하고, 황제의 총애를 받는 것은 좋은 일이나, 그만큼 남의 시샘도 크다고 보면 틀림이 없을 거다. 그렇다면 그러한 시샘을 면하기 위해서는 어떻게 처신하면 된다고 생각하느냐?"라고 물었다.

그러자 동생이 말하기를,

"비록 남이 내 얼굴에 침을 뱉더라도 결코 상관하거나 화내지 않고 잠자코 닦겠습니다. 만사를 이런 식으로 사람을 응대하여 결코 형님에게 걱정이나 누를 끼치지 않도록 하겠습니다."라고 했다. 동생의 대답을 듣고 누사덕은 다음과 같이 훈계했다.

"내가 염려하는 바가 바로 그것이다. 만약 어떤 사람이 네게 침을 뱉는다면 그것은 네게 뭔가 크게 화가 났기 때문이다. 그런데 네가 바로 그 자리에서 침을 닦아버린다면 상대의 기분을 거스르게 되어 그는 틀림없이 더 크게 화를 낼 것이다. 침 같은 것은 닦지 않아도 그냥 두면 자연히 마르게 되니, 그런 때는 웃으며 그냥 침을 받아 두는 게 제일이다."라고 말했다.

참을 인(忍)자 세 개면 살인도 면할 수 있다고 한다. 화가 날 때 10까지 숫자를 새라고도 한다. 화가 났을 때 충동적으로 일을 하면 반드시 실패하고 만다. 종친으로서 목숨을 연명하고 자신의 아들을 임금자리에 올리기 위해 대신들의 사타구니 사이를 기어다니고, 기생들에게 석란(石蘭)을 그려주며 술자리에서 연명을 했던 홍선대원군 이하응을 생각해보라. 홍선대원군이라고 간도 쓸개도 없는 인간이었겠는가.

학생들게에 말한다. 자신이 어느 자리에 오르기 전까지 자신을 내세워서는 안 된다. 자기가 충분히 실력을 갖추고 다른 사람들에게 무시를 당하지 않을 정도까지는 자신을 숨기는 것이 중요하다. 그렇다고 실력이 쌓이면 막하라는 것도 아니다. 참을 수 있는 자리에서는 끝까지 참기 바란다. 홍선대원군이 미련해서 참은 것이 아님을 명심하기 바란다.

단어	한자	음·뜻
唾面自乾	唾	타 침
	面	면 낯
	自	자 스스로
	乾	건 마르다
唾液	唾	타 침
	液	액 진
畵面	畵	화 그림
	面	면 낯
自尊	自	자 스스로
	尊	존 높다
乾畓	乾	건 마르다
	畓	답 논

唾面自乾	口 口⺁ 口千 口乖 唾 唾								
	타 침								
	丆 丙 而 面 面								
	면 낯								
	′ 白 自 自								
	자 스스로								
	十 直 卓 卓⺈ 乾								
	건 마르다								

唾壺	口 口⺁ 口千 口乖 唾 唾								
	타 침								
	士 声 壳 壶 壶 壺								
	호 병								

面積	丆 丙 而 面 面								
	면 낯								
	禾 秆 秸 積 積								
	적 쌓다								

自律	′ 白 自 自								
	자 스스로								
	彡 彳 律 律 律								
	율 법								

乾杯	十 直 卓 卓⺈ 乾								
	건 마르다								
	十 木 杠 杯 杯 杯								
	배 잔								

殃及池魚(앙급지어)

재앙이 뜻하지 않게 아무런 죄도 없는 연못의 고기들에게까지 미친다.

殃 : 앙 재앙	咎殃(구앙)[1]	殃孽(앙얼)[2]	殃戮(앙륙)[3]
及 : 급 미치다	波及(파급)	遡及(소급)	及其(급기)[4]
池 : 지 못	貯水池(저수지)	乾電池(건전지)	溝池(구지)[5]
魚 : 어 물고기	稚魚(치어)	民魚(민어)	魚艙(어창)[6]

4월 5일이면 우리는 식목일이라 하여 산에 나무를 심는다. 4월 5일을 전후하여 붙는 절기명이 있는데, 청명(淸明)과 한식(寒食)이다. 예전에 한식은 단오(端午)·추석(秋夕)과 함께 큰 명절로 지냈다. 다른 명절에는 집에서 차례를 모시고 성묘를 가지만 한식 차례는 직접 산소에 가서 지낸다. 그런데 왜 한식이라 했을까. 한식은 '개자추(介子推)' 고사에서 유래했다.

고대 중국 진(晋)나라 문공(文公)은 19년 동안 망명생활을 했다. 문공이 방랑생활을 할 때 유일하게 옆에서 문공을 보필한 신하가 개자추였다. 그는 문공이 굶주릴 때 자신의 허벅지살까지 베어내어 목숨을 잇게 해주었다. 그런데 문공이 다시 나라를 되찾은 다음 공에 따라 사람을 등용하면서 개자추를 까마득하게 잊어버렸다. 이후 개자추는 금전산(錦田山)에 들어가 숨어버렸다. 뒤늦게 이 사실을 안 문공은 자신의 잘못을 뉘우치면서 개자추를 찾았다. 그러나 산속에 있는 개자추가 나오지 않자 문공은 마지막 수단으로 금전산에 불을 질러 개자추가 스스로 걸어 나오도록 하였다. 그러나 끝내 개자추는 산 아래로 나오지 않자, 문공은 다급한 마음에 개자추를 찾으라고 명하였다. 개자추가 노모를 끌어 안은 채 타죽고 말았다. 이 모습을 본 문공은 자신의 어리석음으로 인해 충신을 죽였다고 말하고는 오늘 만큼은 불을 피우지 말고 찬밥을 먹으라 하여 '한식(寒食)'이 생긴 것이다.

이와 관련한 사자성어가 바로 '앙급지어(殃及池魚)'이다. 이 성어의 뜻은

1) 뜻하지 않게 생긴 불행한 변고. 또는 천재지변 때문에 생긴 불행한 사고.
2) 지은 죄의 앙갚음으로 받는 온갖 재앙.
3) 천벌을 받아 죽음.
4) 끝에 가서 결국에.
5) 도랑과 못.
6) 잡은 물고기를 보관하여 두는 어선 안에 있는 창고.

"재앙이 뜻하지 않게 아무런 죄도 없는 연못의 고기들에게까지 미친다는 뜻으로, 이유없이 엉뚱하게 화를 당하게 되는 것"을 말한다. 이 성어와 관련한 기록은 『여씨춘추』「필기편(必己篇)」과 북제(北齊) 두필(杜弼)의 「위동위격양문(爲東魏檄梁文)」, 동한(東漢)의 「풍속통의(風俗通義)」에도 보인다. 그 내용은 다음과 같다.

> 춘추 시대 송(宋)나라 때 사마환(司馬桓)은 매우 훌륭한 보주(寶珠)를 가지고 있었는데, 죄를 짓자 재빨리 그 보주를 갖고 도망을 쳤다. 그런데 사마환이 보주를 가지고 있다는 말을 들은 왕은 어떻게든 보주를 손에 넣고자 했다. 그래서 사람들을 시켜 사마환을 찾아 보주를 숨긴 곳을 알아내도록 했다. 그리하여 여러 사람들이 사마환에게 보주의 행방을 묻자
>
> "아, 그 보주 말인가. 도망칠 때 연못 속에 던져 버렸지."
>
> 라고 대답하였다.
>
> 보주를 손에 넣고 싶은 왕은, 사마환의 대답을 듣자 곧 신하들에게 명령을 내려 연못 속을 찾도록 했다. 많은 사람들이 동원되어 연못 속의 물을 퍼내었으나 끝끝내 보주의 모습은 보이지 않았다. 이로 인해 애꿎은 물고기들만 죽었다.

위의 예에서 알 수 있듯 사람의 욕심이 심해지면 반드시 화를 입거나 입히게 된다. 개자추를 산에서 억지로 나오게 만들려던 문공, 사마환의 보주를 가지려던 왕도 다 자신의 욕심에 의해 산에 불을 지르고 연못의 물을 다 써 버린 것이다.

학생들에게 말한다. 적당한 욕심만 탐을 내야 한다. 사람은 누구나 부처가 될 수 있다고 하였다. 그런데 사람이 부처가 될 수 없는 것은 욕심 때문이라고 한다. 그러나 사람이 욕심이 없다면 진정한 사람일까 하는 의문도 든다. 자신이 책임질 수 있는 만큼의 욕심은 살아가는 데 활력소가 될 수 있다. 그러나 너무 지나친 욕심은 주위 사람들을 힘들게 한다. 학생들이 이 말을 명심했으면 한다.

殃及池魚	
殃	一 丆 歹 歹 歹冖 殃
	앙 재앙
及	丿 乃 乃 及
	급 미치다
池	丶 冫 氵 汋 沖 池
	지 못
魚	𠂊 仵 角 鱼 魚
	어 물고기

咎殃	
咎	丿 ク 夂 处 咎
	구 허물
殃	一 丆 歹 歹 歹冖 殃
	앙 재앙

波及	
波	氵 氵 沪 波 波
	파 물결
及	丿 乃 乃 及
	급 미치다

貯水池	
貯	目 貝 貯 貯
	저 쌓다
水	亅 才 水 水
	수 물
池	丶 冫 氵 汋 沖 池
	지 못

稚魚	
稚	一 二 禾 利 稚 稚
	치 어리다
魚	𠂊 仵 角 鱼 魚
	어 물고기

殃及池魚	一 ア 歹 歹 歹口 殃
	앙 재앙
	丿 乃 乃 及
	급 미치다
	丶 冫 氵 氵 汁 池
	지 못
	𠂊 仂 角 角 魚
	어 물고기
殃孽	一 ア 歹 歹 歹口 殃
	앙 재앙
	一 艹 䒑 䒑 䒑 孽
	얼 서자
遡及	丷 䒑 屰 朔 溯 遡
	소 거슬러올라가다
	丿 乃 乃 及
	급 미치다
乾電池	十 古 卓 乾 乾
	건 마르다
	冖 币 雨 雷 雷 電
	전 번개
	丶 冫 氵 氵 汁 池
	지 못
民魚	一 コ 戸 戸 民
	민 백성
	𠂊 仂 角 角 魚
	어 물고기

讀書亡羊(독서망양)

책을 읽느라 양을 잃어버렸다.

讀 : 독 읽다	購讀(구독)	朗讀(낭독)	耽讀(탐독)
書 : 서 글	書籍(서적)	聖書(성서)	書翰(서한)
亡 : 망 망하다	逃亡(도망)	亡靈(망령)	未亡人(미망인)
羊 : 양 양	犧牲羊(희생양)	羊韭(양구)[1]	羊蹄(양제)[2]

올 여름처럼 무더운 여름은 없었을 것이다. 이러다가 우리나라의 기후가 완전히 바뀌는 것은 아닌지 모르겠다. 그래도 우리 선인들이 정해놓은 절기는 참으로 신기하다. 그렇게 무덥던 날씨도 입추, 처서가 되니 찬바람이 불기 시작한다. 이 때가 되면 항상 하는 말이 있다. 가을은 독서의 계절이라고.

조선시대 때 이덕무는 독서팔경을 들었다. 독서팔경에는 ① 집을 떠난 여창에서 ② 술 마시고 약간 취기가 남았을 때 ③ 상(喪)을 입고 슬픔에 잠겨 있을 때 ④ 옥에 갇히거나 귀양가 있을 때 ⑤ 앓아 누워 있을 때 ⑥ 귀뚜라미 우는 가을밤 ⑦ 고요한 절간 ⑧ 마을을 떠난 자연 속 등이다.

이 중에서 귀뚜라미 우는 가을밤, '실추(蟋秋)'라 하여 가을 시기를 말한다. 더위가 지나가고 선선한 바람이 불어 책 읽기에는 제격인 계절이다. 그런데 요즘 사람들은 책을 잘 읽지 않는다. 예전보다 하는 일이 많아지고 가지고 놀 것이 많아서 그럴 수도 있다.

조선시대에는 '서치(書癡)'라 하여 글 읽기에만 지나치게 열중하는 사람을 놀리었다. 이처럼 글 읽기만 몰두하여 다른 직분을 소홀히 하는 상황을 나타내는 사자성어가 '독서망양(讀書亡羊)'이다. 이 사자성의 뜻은 "책을 읽느라 양을 잃어버렸다는 뜻으로, 마음이 밖에 있어 도리(道理)를 잃어버리는 것, 다른 일에 정신(精神)을 빼앗겨 중요(重要)한 일을 소홀(疏忽)하게 되는 것"을 말한다. 이 말은 『장자』의 「번모편」에 있는데, 내용은 다음과 같다.

> 어떤 집에 장과 곡이라는 두 사람이 같이 양을 치고 있었는데, 어느날 이

1) 백합과에 속한 여러해살이풀.
2) 마디풀과에 속한 여러해살이풀.

들은 똑같이 양을 잃어버렸다. 그래서 아버지가 장에게 먼저 물었다.

"어떤 일을 하다가 양을 잃어버렸느냐?"하니

"댓가지를 옆에 낀 채 글을 읽고 있었습니다."라고 대답했다.

아버지는 곡에게도 같은 질문을 했다.

"주사위놀이를 하고 있었습니다."

라고 답했다.

결국 다른 일을 하고 있었지만 하던 일에 정신이 팔려 양을 잃어버린 것은 똑같다. 여기에서 장이 바로 '서치'이다. 한편으로 볼 때 한 곳에 몰두할 수 있는 정신력이 있다는 것은 장점일 수도 있지만, 장은 양을 치는 것 보다는 책에 정신이 팔려 양이 어디로 없어졌는지도 몰랐다. 장이 지금 해야 하는 일은 양을 치는 것인데 자신의 본분을 제대로 지키지 못했다.

공자는『논어』「안연편」에서 "제경공이 공자에게 정사를 묻자, 공자께서 대답하셨다. 임금은 임금노릇하며, 신하는 신하노릇하며, 아버지는 아버지 노릇하며, 자식은 자식 노릇하는 것입니다.(齊景公問政於孔子. 孔子對曰, "君君, 臣臣, 父父, 子子.)" 라고 하였다. 공자는 당시에 군신간, 부자간에 '도(道)'를 잃고 있다고 판단하였기에 이렇게 대답한 것이다.

중요한 것은 각자의 위치에서 자신의 본분을 지키며 살아가는 것에 있다. 그런데 그 본분 지키기가 쉽지 않다. 정치인이나 경제인들은 자신의 본분을 지켜야 하는데도 불구하고 비리와 부패 등으로 감옥신세를 지고 있는 사람들이 많다. 학생들은 어떠한 상황이 처해진다고 해도 공부를 열심히 해야 한다.

주자는 권학문에서 "오늘 공부하지 않고 내일이 있다고 말하지 말고 올해 공부하지 않고 내년이 있다고 말하지 말라. 시간은 흘러가고 세월은 나를 기다려주지 않는다. 아아 늙었구나, 이것이 누구의 허물인가(勿謂今日不學 而有來日, 勿謂今年不學 而有來年, 日月逝矣 歲不我延, 嗚呼老矣 是誰之愆)"라고 하였다.

학생들에게 말한다. 지금 여러분들에게 주어진 시간이 많다고 생각하지 말아야 한다. 작은 시간이라도 아껴서 자신의 능력을 향상하는 데 사용하기 바란다. 한 번 간 시간은 다시 돌아오지 않으니 현재 내가 해야 할 본분이 무엇인지를 명확하게 깨닫기 바란다.

讀書亡羊	필순	음·훈
讀	言 訁 ⋯ 讀	독 읽다
書	ㄱ ⺕ ⺕ 聿 ⋯ 書	서 글
亡	' 亠 亡	망 망하다
羊	丷 䒑 羊	양 양

購讀	필순	음·훈
購	貝 ⋯ 購	구 사다
讀	言 訁 ⋯ 讀	독 읽다

書籍	필순	음·훈
書	ㄱ ⺕ ⺕ 聿 ⋯ 書	서 글
籍	⺮ ⋯ 籍	적 서적

逃亡	필순	음·훈
逃	丿 ⋯ 兆 兆 逃	도 달아나다
亡	' 亠 亡	망 망하다

犧牲羊	필순	음·훈
犧	牜 ⋯ 犧	희 희생
牲	𠂉 牛 牜 ⋯ 牲	생 희생
羊	丷 䒑 羊	양 양

한자어	필순	음·뜻
讀書亡羊	言 訁 讀 讀 讀 讀	독 읽다
	ㄱ ㅋ ㅋ 聿 書 書	서 글
	丶 亠 亡	망 망하다
	丷 䒑 羊	양 양
朗讀	丶 彐 良 朗 朗	낭 밝다
	言 訁 讀 讀 讀 讀	독 읽다
聖書	丆 E 耳 耶 聖 聖	성 성스럽다
	ㄱ ㅋ ㅋ 聿 書 書	서 글
亡靈	丶 亠 亡	망 망하다
	一 ⺗ 雨 霝 靈 靈	령 신령
羊韭	丷 䒑 羊	양 양
	丨 ㅕ 非 非 韭	구 부추

先則制人(선즉제인)

남보다 앞서 일을 도모하면 능히 남을 누를 수 있다.

先 : 선 먼저	先輩(선배)	優先(우선)	先覺(선각)
則 : 즉 곧(칙 법칙)	規則(규칙)	罰則(벌칙)	鐵則(철칙)
制 : 제 절제하다	制裁(제재)	節制(절제)	西便制(서편제)
人 : 인 사람			

필자는 글쓰기 과목을 강의하고 있다. 필자가 신입생들에게 꼭 주는 과제가 있다. 대학교에 입학하게 된 경과에 대해서 쓰는 과제이다. 필자가 이 과제를 주는 이유는 학생들이 지금 다니고 있는 대학을 어떻게 생각하고 있는지를 알아보기 위해서이다. 학생들의 과제를 받아 보면 조금만 더 열심히 했으면 이 학교에 오지 않았을텐데 하는 아쉬움이 느껴진다. 이러한 상반된 반응은 학생들의 학업 성적과도 이어진다.

중요한 것은 자신의 미래에 대해 생각하고 그 목표를 위해 노력하는 것이다. 이렇게 노력을 하면 아무런 생각 없이 학교를 다니는 학생들하고는 다른 삶을 살 수 있다. 왜냐하면 다른 학생들보다 먼저 미래에 눈뜨고 준비를 하기 때문이다.

이와 관련된 사자성어가 바로 '선즉제인(先則制人)'이다. 이 성어의 뜻은 남보다 앞서 일을 도모하면 능히 남을 누를 수 있다는 뜻으로, 아무도 하지 않는 일을 남보다 앞서 하면 유리하다는 것을 이르는 말이다. 이 사자성어는 『사기(史記)』「항우본기(項羽本紀)」에서 유래하였다. 그 내용은 다음과 같다.

> 진시황이 죽고 2세 황제인 호해(胡亥)가 즉위하자 계속되는 폭정에 항거하여 각지에서 반란이 일어났다. 이 때 대택향에서 900여 명의 농민군을 이끌고 궐기한 날품팔이꾼 진승과 오광은 단숨에 진에 입성한다. 이어 진승은 장초라는 나라를 세우고, 왕위에 오른 후 옛 6개국의 귀족들과 그 밖의 반진 세력을 규합하여 진나라의 도읍 함양으로 진격했다.
>
> 이에 자극을 받은 강동의 회계군수 은통은 항량을 불러 거병을 의논했

다. 항량은 진나라 군사에게 패사한 옛 초나라 명장이었던 항연의 아들인데 고향에서 살인을 하고 조카인 적(항우)과 함께 오중으로 도망왔으나 타고난 통솔력으로 오중의 실력자가 되었다. 은통은 오중의 실력자인 항량을 이용해서 출세를 하려고 항량에게 말했다.

"지금 강서 지방에서는 모두들 진나라에 반기를 들었는데 이는 하늘이 진나라를 멸망코자하는 시운이 되었기 때문이오. 내가 듣건데 선수를 치면 남을 제압할 수 있고 늦어지면 남에게 제압당한다고 들었소. 그래서 나는 그대와 환초를 장군으로 삼아 군사를 일으켰으면 하오."

은통은 병법에 능한 항량을 이용해 출세를 할 속셈이었지만, 항량은 그의 마음을 꿰뚫어보고 다음과 같이 말했다.

"환초가 있는 곳을 항우가 알고 있을테니, 잠시 기다려 주십시오."

항량은 밖으로 나가 항우를 불러 귀에다 속삭였다.

"내가 눈짓을 하면 지체 없이 은통의 목을 베라."

항량은 은통에게 항우를 인사시켰다. 항우가 인사를 마치고 자기를 쳐다보는 순간 눈짓을 하자 항우는 지체 없이 달려들어 은통의 목을 베었다.

위 내용에서 보면 항량은 "남보다 앞서면 사람을 다스리고 뒤쳐지면 다른 사람에게 제압을 당한다.(先則制人 後則爲人所制)"를 실천한 것이다.

필자도 87년 대학에 입학하였을 때 재수를 하거나 편입을 하려고 했다. 그런데 당시 현대문학 전공을 강의하셨던 송하섭 교수님께서 "역사가 오래된 학교에서 전통을 잇는 것도 중요하지만 역사가 없는 학교에서 역사를 만들어가는 것도 중요하다"는 말씀을 하셨다. 송하섭 교수님의 말씀을 듣고 이 학교에서 열심히 해보자는 오기가 필자에게 생겼다. 주위 사람들에게 일류대학교를 다닌 학생들보다 더 실력을 쌓겠다는 생각에 필자는 엄청 노력을 하였다. 성적이 좋지는 안했지만, 전국대학생 논문 현상대회에도 나가 각 대학의 학생들과 경합을 하기도 했다.

학생들에게 말한다. 지금 현재가 중요한 것은 아니다. 지금보다 앞으로의 삶이 더 시간이 길고 중요하다. 이 시간 동안 자신이 부족한 부분을 먼저 알아차리고 준비한다면 조금 뒤쳐진 시간을 당길 수 있을 것이다. 지금부터 더 열심히 노력하기 바란다.

先則制人	
先	丿 𠂉 牛 生 先
	선 먼저
則	冂 目 貝 貝 則
	즉 곧, 칙 법칙
制	𠂉 𠂉 台 芾 制
	제 절제하다
人	丿 人
	인 사람

先輩	
先	丿 𠂉 牛 生 先
	선 먼저
輩	丿 ㅋ 킈 非 輩 輩
	배 무리

規則	
規	二 夫 夫 夫 規 規
	규 법
則	冂 目 貝 貝 則
	칙 법칙

裁制	
裁	土 圭 圭 栽 裁 裁
	재 마르다
制	𠂉 𠂉 台 芾 制
	제 절제하다

先則制人									
	丿 𠂉 ⺧ 生 先								
	선 먼저								
	冂 目 貝 貝 則								
	즉 곧, 칙 법칙								
	𠂉 𠂉 𠂒 𫝀 制								
	제 절제하다								
	丿 人								
	인 사람								

優先									
	亻 仁 偭 偭 傴 優								
	우 넉넉하다								
	丿 𠂉 ⺧ 生 先								
	선 먼저								

罰則									
	罒 罒 罒 詈 罰								
	벌 죄								
	冂 目 貝 貝 則								
	칙 법칙								

節制									
	⺮ 竹 笁 笸 節 節								
	절 마디								
	𠂉 𠂉 𠂒 𫝀 制								
	제 절제하다								

羊頭狗肉(양두구육)

양 머리를 걸어놓고 개고기를 판다.

羊: 양 양	羊羹(양갱)	緬羊(면양)	羊毫筆(양호필)[1]
頭: 두 머리	劈頭(벽두)	卷頭(권두)	彈頭(탄두)
狗: 구 개	狗彘(구체)	狗蒸(구증)[2]	狗鼠(구서)
肉: 육 고기	筋肉(근육)	肉膾(육회)	糖水肉(당수육)

2012년에 런던올림픽이 있었다. 선수들은 4년 동안 자신의 기량을 갈고 닦아 올림픽에 출전한다. 올림픽에 참가하는 선수나 방송에서는 의례적으로 성적보다 참가하는 데 의의가 있다고 말한다. 선수들은 올림픽에 참가하면서 선서를 한다. 올림픽 선서는 각 올림픽의 개막식에서 올림픽에 참가하는 선수들 중 대표하는 한 선수와 공식 올림픽 심판 중 한 명이 하는 엄숙한 약속이다. 그렇기에 개최국 선수단의 한 선수는 올림픽 선서를 읽으며 올림픽 깃발을 들고 있어야 한다.

선수와 심판은 스포츠맨십의 정신으로 공정하게 경기를 하고 판정을 해야 한다. 그런데 신사의 나라라는 영국의 런던 올림픽에서 한국 선수들에게 연달아 오심이 나왔다. 그 대상은 수영의 박태환 선수, 다음은 유도의 조준호 선수, 그리고 펜싱의 신아람 선수다. 심판의 오심으로 인해 선수들은 심리적 부담을 받을 수밖에 없었다. 그래도 박태환 선수는 은메달을, 조준호 선수는 동메달을 획득했다. 신아람 선수는 아무 메달도 따지 못했다.

특히 신아람 선수가 하는 펜싱은 유럽이 중심이다. 독일 선수와의 대결에서 1초만 지나면 신아람 선수가 결승에 진출할 수 있었는데, 심판은 독일 선수가 점수를 낼 때까지 1초를 계속 지연시켰다.

박태환 선수는 오심에 대한 이의 제기를 통해 번복이 되었지만 펜싱의 심판들은 번복을 하지 않았다. 유도에서 심판을 번복한 심판들은 더 이상 올림픽에서 심판을 볼 수 없다고 하여 각자의 나라로 귀국을 했다. 자신들이 잘못했다는 것을 인정한 것이다.

---

1) 양털로 촉을 만든 붓.
2) 개고기의 찜.

최고의 선수들이 자신의 기량을 발휘할 수 있도록 심판들은 공정하게 선수들의 경기를 심판해야 한다. 심판도 사람이라 오심을 할 수는 있다. 그런데 심판의 권위를 세운다고 잘못임을 알면서 고치지 않는다는 것이 문제이다. 겉과 속이 다르다는 것과 관련된 내용이 『안자춘추(晏子春秋)』에 나오는데, 그 내용은 다음과 같다.

> 춘추시대 제나라 영공 때의 일이다. 영공은 궁중의 여인들에게 남장을 시켜놓고 구경하는 별난 취미를 가지고 있었다. 그런데 이러한 취미는 곧 백성들 사이에도 유행되어 남장한 여인이 날로 늘어났다. 그러자 영공은 재상인 안영에게 '궁 밖에서 남장하는 여인들을 처벌하라'는 금령을 내렸다. 그러나 그 유행은 좀처럼 수그러들지 않았다. 영공이 안영에게 그 까닭을 묻자 그는 이렇게 대답했다. "전하께서는 궁중의 여인들에게는 남장을 허용하시면서 궁 밖의 여인들에게는 금령(禁令)을 내렸습니다. 하오면 이는 밖에는 양 머리를 걸어 놓고 안에서는 개고기를 파는 것과 같습니다. 이제라도 궁중의 여인들에게 남장을 금하십시오. 그러면 궁 밖의 여인들도 감히 남장을 하지 못할 것입니다." 영공은 안영의 진언에 따라 즉시 궁중의 여인들에게 남장 금지령을 내렸다. 그러자 제나라에서는 남장한 여인을 찾아볼 수 없었다.

영공이 안영의 말을 듣고 자신의 취미를 하지 않으니 백성들도 더 이상 여자가 남장을 하지 않다는 이야기이다. 위정자가 자기는 하고 있으면서 백성들에게 하지 말라고 하면 듣는 사람은 아무도 없을 것이다.

지금은 세상이 아주 투명해졌다. 옛날처럼 대충 넘어가는 경우는 없다. 그래서 경기 중에 비디오 판독을 하는 것이다. 필자는 심판들이 단순한 실수로 인한 오심이기를 바랄 뿐이다. 신성한 스포츠에 힘의 논리가 들어가서는 안 된다.

학생들에게 말한다. 우리라도 이제는 변해야 한다. 자기 자신의 나쁜 버릇은 이제 바꾸어야 한다. 표리부동(表裏不同)이란 말을 종종 쓰는데, 겉과 속이 같지 않다는 뜻이다. 내 스스로도 통제를 못하면서 다른 사람을 뭐라고 할 수 없다. 스스로에게 자랑스럽고 당당한 사람이 되길 바란다.

羊頭狗肉	丷 兰 羊
	양 양
	一 百 豆 頭 頭
	두 머리
	丿 犭 犭 犳 狗
	구 개
	冂 内 肉
	육 고기

羊羹	丷 兰 羊
	양 양
	丷 兰 羊 羔 羹 羹
	갱 국

劈頭	尸 吊 辟 辟 劈 劈
	벽 쪼개다
	一 百 豆 頭 頭
	두 머리

狗彘	丿 犭 犭 犳 狗
	구 개
	彑 彑 彑 彘 彘 彘
	체 돼지

筋肉	竹 竹 筋 筋 筋
	근 힘줄
	冂 内 肉
	육 고기

한자	필순 / 음·뜻
羊頭狗肉	丷 兰 羊
	양 양
	一 口 豆 頭 頭
	두 머리
	丿 犭 犭 犳 狗
	구 개
	冂 内 肉
	육 고기

한자	필순 / 음·뜻
緬羊	幺 糸 糸 紅 緬 緬
	면 솜
	丷 兰 羊
	양 양

한자	필순 / 음·뜻
卷頭	八 亠 关 劵 卷
	권 책
	一 口 豆 頭 頭
	두 머리

한자	필순 / 음·뜻
狗蒸	丿 犭 犭 犳 狗
	구 개
	艹 芓 芽 茏 菉 蒸
	증 찌다

한자	필순 / 음·뜻
肉膾	冂 内 肉
	육 고기
	月 肸 肸 脍 膾 膾
	회 날고기

斗酒不辭(두주불사)

말술도 사양하지 아니한다.

斗 : 두 말	斗宿(두수)[1]	鐎斗(초두)[2]	斗落(두락)[3]
酒 : 주 술	酒酊(주정)	穀酒(곡주)	農酒(농주)
不 : 불 아니다			
辭 : 사 사양하다	辭緣(사연)	辭職(사직)	贅辭(췌사)[4]

술을 먹을 줄 아는 사람은 자신이 술을 잘 먹는다는 것을 과신할 때가 많다. 술도 음식이다. 밥도 어느 정도 먹으면 배불러서 먹지 못하듯이 술도 마찬가지이다. 어느 정도의 술이 들어가면 마시는 것을 멈추어야 하는데, 나중에는 술이 술을 먹는 격이 된다고 할 수 있다.

전 국무총리였던 고건 총리의 부친인 故 고형곤 前 전북대 총장은 아들 고건이 국무총리가 되었을 때 이런 말을 한 적이 있다고 한다. “남이 네가 술을 잘 먹는 것을 알지 못하게 해라”고 말이다. 술을 잘 한다는 소문이 나면 그 사람에게 술로 승부하려든다는 것이다. 그러면 꼭 나중에는 자신이 술로 인해 낭패를 본다는 뜻이다.

우리가 흔히 술을 잘 먹는 사람을 ‘두주불사(斗酒不辭)’라고 일컫는다. 이 말은 원래 『사기(史記)』「항우본기(項羽本紀)」에 실려 있다. 그 내용은 다음과 같다.

진(秦)나라 말기, 초왕(楚王) 항우(項羽)와 패공(沛公) 유방(劉邦)은 진의 수도 함양(咸陽)을 향해 각기 하북과 하남에서 진격하였다. 함양을 먼저 점령한 사람이 관중의 왕이 된다는 약속을 둘이 한 적이 있다. 함양을 먼저 점령한 것은 군사력으로 항우에 미치지 못하는 유방이었다. 이후 유방은 함양의 모든 재물과 궁궐을 그대로 둔 채 패상(覇上)으로 물러나 진을 쳤다.

한편 유방이 먼저 함양을 점령했다는 소식을 들은 항우는 노(怒)하여, 유방의 군대가 지키는 함곡관(函谷關)을 깨뜨리고 신풍(新豊)의 홍문(鴻門) 산

1) 이십팔수의 여덟째 별자리.
2) 발이 세 개 있고 긴 자루가 있는 작은 냄비.
3) 논밭 넓이의 단위를 이르는 말. ‘마지기’의 이두식 한자어.
4) 하지 않아도 좋은 군더더기 말.

자락에 포진하였다. 이 때 군사(軍師) 범증(范增)은 유방이 예전과 달라진 것을 보면 그의 뜻이 결코 작지 않다고 하여 항우에게 유방의 군대를 토벌하자고 권유하였다.

항백(項伯)을 통해 항우 군대의 움직임을 알아챈 유방은 근위병만을 거느린 채 항우에게 사과의 방문을 하였다. 항우는 유방의 방문을 위로하고자 연회를 베풀어 주었다. 연회가 한창 무르익었을 때, 미리 범증의 지시를 받은 항장(項莊)이 흥취를 돋운다는 구실로 검무를 추며 유방을 찌르려 하자, 항백이 급히 칼을 뽑아들고 춤판에 끼어들어 유방을 방어하였다.

이를 지켜보던 유방의 책사(策士) 장량(張良)은 급히 군문 밖으로 나와 번쾌(樊噲)를 찾으며, "아주 급하다. 지금 항장이 춤을 추고 있는데, 그가 계속 패공을 노리고 있다."고 말하였다. 이 말을 들은 번쾌는 제지하는 위사(衛士)들을 쓰러뜨리고 안으로 뛰어 들어가 휘장을 젖히고는 찢어진 눈으로 항우를 노려보았다.

항우는 칼을 잡고 벌떡 일어나 "이 자는 누구인가?"라고 묻자 "패공을 시위하는 장수입니다." 라고 장량이 대답하였다. 이어 항우는 번쾌의 기상을 가상히 여겨 "이 자는 장사로구나. 술 한 잔을 주라."고 말하자 주위에서 큰 잔에 술을 부었다. 번쾌는 감사의 예를 표한 후 단숨에 들이켰다. 그리고는 칼을 들어 익히지 않은 돼지 다리를 썰더니 그대로 씹어 먹었다.

이를 본 항우가 "장사로다. 더 마실 수 있겠는가?"하고 묻자, 번쾌가 "신은 죽음도 피하지 않는 사람인데 어찌 술 한 잔을 사양하오리까."라고 답하였다.

번쾌한 위의 말에서 '두주불사(斗酒不辭)'가 유래하였다. 이렇듯 "두주불사"는 본래 장수들의 기개를 표현하던 뜻이었으나, 그 뜻이 변하여 현재는 주량이 센 사람을 가리키는 말로 쓰이고 있다.

학생들에게 말한다. 술을 많이 먹는 것은 자랑거리가 되지 못한다. 많이 먹는 게 아니라 잘 먹어야 한다. 『논어』「향당편」에 보면 "오직 술은 일정한 양이 없으셨는데 어지러움에는 미치지 않으셨다(唯酒無量, 不及亂)."라고 공자의 음주 습관을 쓰고 있다. 이는 술이 몸을 훈훈하게 만드는 것에서 마시는 것을 그쳐야 한다는 뜻이다. 이 글을 쓰는 필자도 이 말을 잘 지키지는 못하지만 부디 학생들만은 명심하기 바란다.

斗酒不辭	필순	음·뜻
斗	丶 ⺀ 斗	두 말
酒	氵 汀 洒 酒	주 술
不	一 丆 不 不	불 아니다
辭	爫 𤔔 𤔔 𤔔 辭 辭	사 사양하다

斗宿	필순	음·뜻
斗	丶 ⺀ 斗	두 말
宿	丶 宀 宀 宀 宿	수 별자리

酒酊	필순	음·뜻
酒	氵 汀 洒 酒	주 술
酊	一 冂 丙 西 酉 酊	정 술 취하다

辭緣	필순	음·뜻
辭	爫 𤔔 𤔔 𤔔 辭 辭	사 사양하다
緣	幺 糸 糹 紀 縁 緣	연 인연

한자	필순	음·뜻
斗酒不辭	丶 ⺀ 斗	두 말
	氵 沔 洒 酒	주 술
	一 丆 不 不	불 아니다
	爫 爯 爯 䚻 辭 辭	사 사양하다
鐎斗	𠆢 金 釒 鉎 錐 鐎	초 초두
	丶 ⺀ 斗	두 말
穀酒	士 声 壳 穀 穀	곡 곡식
	氵 沔 洒 酒	주 술
辭職	爫 爯 爯 䚻 辭 辭	사 사양하다
	耳 聍 聕 職 職	직 벼슬

登高自卑(등고자비)

높은 곳에 오르려면 낮은 곳에서부터 출발해야 한다.

登 : 등 오르다	登錄(등록)	登攀(등반)	登歲(등세)[1]
高 : 고 높다	高喊(고함)	提高(제고)	高齡(고령)
自 : 자 부터하다	自給(자급)	自炊(자취)	自愧(자괴)
卑 : 비 낮다	卑怯(비겁)	卑屈(비굴)	卑劣(비열)

언제부터인가 우리 사회에서 일확천금이 인기이다. 그 대표가 바로 '로또 복권'이다. 그렇다보니 적게는 천원에서 만원까지, 많게는 10만원까지 복권을 산다. 다들 1등 당첨을 꿈꾸며 꿈이 이루어지리라 기대하며 복권을 산다.

그런데 1등을 해서 몇 십억씩 받은 사람들이 그리 잘 살지는 못하고 있다. 방송에서 보니 상금으로 20억을 받은 사람이 상금을 다 쓰고 도리어 20억의 빚을 지고 있기도 하는 등 대부분의 삶이 불행했다. 『명심보감』에도 이와 관련한 글이 있다.

> 소동파가 이르기를, '이유없이 천금을 얻으면 큰 복이 있는 것이 아니라 반드시 큰 재앙이 있다'(蘇東坡 曰 無故而得千金 不有大福 必有大禍)고 하였다.

이는 많은 돈을 다룰 수 없는 사람에게 많은 돈이 가면 그것이 복이 아니라 재앙이라는 뜻이다. 정부에서는 이러한 폐해를 막기 위해 20년 동안 매달 500만원을 받는 연금복권을 출시하기도 했다.

하여튼 일확천금은 언제나 문제이다. 조금의 액수라도 자주 저금하여 목돈을 만드는 것이 더 중요하다. 이와 관련한 사자성어가 '등고자비(登高自卑)'이다. 등고자비는 "모든 일은 순서에 맞게 기본이 되는 것부터 하나씩 이루어 나가야 한다는 뜻"으로, '천리 길도 한 걸음부터'라는 우리 속담과 뜻이 통한다. 이 사자성어는 『중용(中庸)』 제15장에서 유래했는데, 그 내용을 보면 다음과 같다.

1) 곡식이 잘 여물고 수확이 많음. 또는 그런 해.

"군자의 도는 비유하면 먼 곳을 가려면 반드시 가까운 데로부터 하며, 높은 데 오르려면 반드시 낮은 데로부터 함과 같다.(君子之道 辟如行遠必自邇 辟如登高必自卑)"

또,『맹자(孟子)』「진심편(盡心篇)」에서도 다음과 같은 내용이 있다.

흐르는 물은 그 성질이 낮은 웅덩이를 먼저 채워 놓지 않고서는 앞으로 흘러가지 않는다. 군자도 이와 같이 도에 뜻을 둘 때 아래서부터 수양을 쌓지 않고서는 높은 성인의 경지에 도달할 수 없다(流水之爲物也 不盈科不行 君子志於道也 不成章不達).

고 하였다.『중용(中庸)』과『맹자(孟子)』에서 뜻하는 것은 낮은 단계부터 차근차근 그 근본을 깨우쳐야 한다는 것을 말하고 있다. 욕심이 생긴다고 하여 단계를 건너뛰어서는 아무 것도 이룰 수 없음을 또한 말하고 있다.

얼마 전 우리나라를 강타한 태풍이 있었다. 나무가 부러지고, 주택의 지붕이 날아가고, 유리가 깨지는 등 강풍에 의해 피해가 아주 컸다. 그런데 전북 진안에 있는 마이산의 돌탑은 아무런 피해가 없었다고 한다. 우리 속담에 '공든 탑이 무너지랴'라는 말이 있다. 이 돌탑은 아무런 접착제도 없이 돌로만 쌓았다. 밑에서부터 정성을 다하여 쌓았고, 암 · 수 돌의 위치를 잘 잡아 넘어지지 않았다고 한다. 바쁘다고, 시간이 없다고 해서 대충하고 넘어가서는 안 된다는 것을 잘 보여주는 증좌이다.

학생들에게 말한다. 천리 길도 한걸음부터라고 한다. 처음부터 잘하는 사람은 없다. 몇 번의 시행착오를 거치면서 자신의 부족한 점을 채워 나가야 한다. 용두사미(龍頭蛇尾)나 작심삼일(作心三日)같이 조급하고 안일한 마음을 버리고 항상 성실하게 임하는 자세를 갖추는 것을 잊지 말아야 한다.

단어	필순	음·뜻
登高自卑	フ ヲ ㇇ 癶 登 登	등 오르다
	亠 亯 高 高	고 높다
	′ 冂 自 自	자 부터하다
	′ 冂 白 㿝 卑	비 낮다
登錄	フ ヲ ㇇ 癶 登 登	등 오르다
	亼 牟 金 金 鈩 錄	록 기록하다
高喊	亠 亯 高 高	고 높다
	口 叮 吖 咸 喊 喊	함 소리
自給	′ 冂 自 自	자 부터하다
	𠃋 幺 糸 糸 紟 給	급 주다
卑怯	′ 冂 白 㿝 卑	비 낮다
卑怯	丨 忄 忭 怯	겁 겁내다

登高自卑	フ ヲ ヺ 癶 咨 登								
	등 오르다								
	亠 亩 高 高								
	고 높다								
	′ 冂 自 自								
	자 부터하다								
	′ 冂 白 甶 卑								
	비 낮다								

登攀	フ ヲ ヺ 癶 咨 登								
	등 오르다								
	木 杈 楙 樊 樊 攀								
	반 더위잡다								

提高	扌 扣 担 捍 提								
	제 끌다								
	亠 亩 高 高								
	고 높다								

自炊	′ 冂 自 自								
	자 부터하다								
	丷 火 炉 炊								
	취 불때다								

卑屈	′ 冂 白 甶 卑								
	비 낮다								
	コ 尸 尸 屈 屈								
	굴 굽다								

破邪顯正(파사현정)

가르침에 어긋나는 사악한 도리를 깨뜨리고 바른 도리를 드러낸다.

破: 파 깨뜨리다	破壞(파괴)	突破(돌파)	破片(파편)
邪: 사 간사하다	辟邪(벽사)	邪法(사법)	邪鬼(사귀)
顯: 현 나타나다	顯揚(현양)	顯達(현달)	顯妣(현비)[1]
正: 정 바르다	正常(정상)	正式(정식)	正體(정체)

『교수신문』은 2011년 12월 7일부터 12월 16일까지 전국 대학교수 281명을 대상으로 설문조사를 한 결과, 32.4%가 2012년 희망의 사자성어로 '파사현정(破邪顯正)'을 선택했다고 2012년 1월 2일 밝혔다. 한 해를 마무리 하면서 그 해의 사자성어를 선정할 때는 대개 부정적인 의미의 사자성어가 많았는데, 2012년 한 해를 예견하는 사자성어는 희망이 어린 의미를 담고 있다.

그럼 '파사현정'의 의미에 대해서 알아보자. '파사현정'은 원래는 불교 용어로 "불교에서 부처의 가르침에 어긋나는 사악한 생각을 버리고 올바른 도리를 따른다"는 뜻이다. 사악한 것을 깨닫는 것은 사고방식을 바꾸는 것을 의미하므로 얽매이는 마음을 타파하면 바르게 될 수 있다는 의미를 담고 있다. 즉, 부처의 가르침에 어그러지는 사악한 생각을 깨뜨리고 올바른 도리를 뚜렷이 드러내야 한다는 도덕적인 의미가 매우 강한 성어이다.

올해의 사자성어로 '파사현정(破邪顯正)'을 추천한 김교빈 호서대 교수는 "파사현정에는 거짓과 탐욕, 불의와 부정이 판치는 세상을 바로잡겠다는 강한 실천이 담겨 있다"라며 "내년 한 해, 특히 총선이 온갖 사악한 무리를 몰아내고 옳고 바른 것을 바로 세우는 희망을 담았다"고 밝혔다.

이렇게 희망을 가지고 파사현정을 선정했으나 총선 선거운동이 시작되면서 벌써 선관위에 적발된 경우가 점점 늘고 있다. 이는 자기가 당선되기 위해서 쓸 수 있는 모든 방안을 사용하기 때문이다. 여기에서 정도가 아닌 부도덕한 방법을 쓰는 것이 문제이다. 예전에 선거는 '고무신, 막걸리 선거'라는 말이 있었다. 고무신을 받거나 막걸리를 얻어 먹어야 그 후보를 찍는다고 해서 생긴 말이다.

1) 신주(神主)나 축문(祝文) 따위에서, 돌아가신 어머니를 높여 이르는 말.

이젠 세월이 많이 흘러 세대가 바뀌었고, 또 사회가 깨끗하고 투명해져서 정치도 많이 바뀌었다고 생각한다. 그러나 우리의 정당 정치는 여전히 전대의 정치를 답습하고 있어 변한 것이 별로 없어 보인다.

그런데 이는 정치인만의 문제가 아니다. 학생들도 자신들의 도리를 제대로 하지 못하고 있다. 전에 필자는 인성의 기본이 '쇄소응대(灑掃應對)'라고 한 적이 있다. 이 뜻은 마당에 물 뿌리고 비로 쓸고 대답을 잘하는 것이다. 이 용어는『소학』의 근본 원리이기도 하다.

아침 나절의 강의실과 화장실은 청소하시는 아주머니들 덕분에 깨끗하다. 그런데 3, 4교시가 끝날 때쯤 되면 화장실이 엉망이 되어간다. 화장실에 분명 금연이라 써 놓았는데도 불구하고 담배를 핀다. 그리고 그 꽁초를 소변보는 곳에 뿌려 지저분하게 해 놓고 좌변기에는 꽁초를 버린 후 물을 내리지도 않는다. 또 담배를 피우며 침을 아무 곳에나 뱉고 있어서 바닥도 지저분하다. 교직원들도 담배를 피울 때는 건물 밖으로 나가서 피운다. 학생들도 수업이 있는 층의 화장실에서 피우지 말고 꼭 건물 밖으로 나가 피웠으면 한다. 지금은 흡연실이 따로 마련되어 있어 예전보다는 덜한 듯하다.

또, 수업시간에 자기가 가지고 들어 온 물건은 꼭 다시 가지고 나가서 버렸으면 한다. 수업 직후 강의실을 보면 거의 쓰레기장을 방불케 한다. 흔히들 자신의 집이라면 이렇게 할 수 있을까 하는 말을 한다. 대학생이면 이제 성인이다. 자신에게 주어진 의무를 다한 다음에 자유를 갈구해야 한다.

학생들에게 말한다. 자신의 사소한 버릇이 그 사람을 대표하는 법이다. 정장을 말끔히 입은 사람이 아무 곳에나 침을 뱉거나 지정 장소가 아닌 곳에서 담배를 피우면 그 사람의 됨됨이를 의심하곤 한다. 남이 보지 않더라도 자신이 바른 행동을 해야 한다. 조선시대 선비들은 방안에 혼자 있을 때도 행동을 신중히 해야 한다고 하여 '신독(愼獨)'의 중요성을 강조했다.

지금 자신의 사소한 버릇이 잘못된 것이라면 빨리 바꿔야 한다. 공자는 「학이편」에서 "허물이 있은 즉 고치기를 꺼리지 말라(過則勿憚改)"라고 하였으며, 「위령공편」에서는 "허물을 고치지 않으면 이것이 허물이다(過而不改, 是謂過矣)" 하였다. 앞으로 그릇된 것은 버리고 올바른 도리를 행했으면 좋겠다.

破邪顯正	丆 石 矿 矿 矿 破
	파 깨뜨리다
	一 匸 牙 牙 牙⻏ 邪
	사 간사하다
	日 㬎 㬎 㬎 顯 顯
	현 나타나다
	一 丅 丌 正 正
	정 바르다

破壞	丆 石 矿 矿 矿 破
	파 깨뜨리다
	土 坤 坤 壞 壞
	괴 무너지다

辟邪	コ 尸 居 居 辟 辟
	벽 임금
	一 匸 牙 牙 牙⻏ 邪
	사 간사하다

顯揚	日 㬎 㬎 㬎 顯 顯
	현 나타나다
	扌 扌 押 捍 揚 揚
	양 날리다

正常	一 丅 丌 正 正
	정 바르다
	尚 尚 常 常
	상 항상

破邪顯正	필순 / 뜻
破	丆 石 石 矿 矿 破
	파 깨뜨리다
邪	一 匚 牙 牙 牙阝 邪
	사 간사하다
顯	日 㬎 㬎 㬎 顯 顯
	현 나타나다
正	一 丅 下 正 正
	정 바르다

突破	필순 / 뜻
突	丶 宀 穴 空 突 突
	돌 갑자기
破	丆 石 石 矿 矿 破
	파 깨뜨리다

邪法	필순 / 뜻
邪	一 匚 牙 牙 牙阝 邪
	사 간사하다
法	氵 氵 汁 汢 法 法
	법 법

顯達	필순 / 뜻
顯	日 㬎 㬎 㬎 顯 顯
	현 나타나다
達	土 圭 圭 幸 達 達
	달 통달하다

正式	필순 / 뜻
正	一 丅 下 正 正
	정 바르다
式	一 亍 式 式 式
	식 법